J. E. Wessely

Die Gestalten des Todes und des Teufels in der darstellenden Kunst

J. E. Wessely

Die Gestalten des Todes und des Teufels in der darstellenden Kunst

ISBN/EAN: 9783743492417

Hergestellt in Europa, USA, Kanada, Australien, Japan

Cover: Foto ©Thomas Meinert / pixelio.de

Weitere Bücher finden Sie auf **www.hansebooks.com**

Die Gestalten

des

Todes und des Teufels

in der

Darstellenden Kunst.

von

J. E. Wessely.

Mit 2 Radirungen des Verfassers und 21 Illustrationen in Holzschnitt.

Leipzig,
Verlag von Hermann Vogel.
(Früher Rud. Weigel's Buchhandlung.)
1876.

VERZEICHNISS DER ILLUSTRATIONEN.

                                                                                            Seite.

1. Titelblatt: „Hie must du in"! Clair obscur nach einer Zeichnung von *Hans Baldung* (*Grien*) im Berliner Museum
2. Initial-Buchstabe S: Copie nach einem gleichen eines französischen Manuscripts   1
3. Der Tod als altes Weib, nach einem Glasgemälde. Holzschnitt   19
4. Der Tod als Schachspieler, nach einem altdeutschen Meister.   30
5. Der Tod und der Ritter. Copie nach *Hans Holbein* (Todtentanz).   54
6. Der Tod und der Kärrner. Copie nach *Holbein* (Todtentanz)   55
7. Der Tod und das nackte Mädchen, nach *H. S. Beham*   66
8. Der Tod in der Tracht eines Narren, nach demselben   68
9. Der Tod überrascht das eitle Mädchen; Radirung nach *Franz Floris*.   70
10—16. Sieben Initialen zu Anfang der einzelnen Kapitel, Copien nach Holzschnitten des *Hans Holbein*. S. 10, 22, 25, 32, 41, 52 und   64
17. Schlussvignette: Der Tod zwei Kinder überwältigend, nach einem dem Barth. Beham zugeschriebenen Stiche   74
18. Initiale J, nach einer Zeichnung des Verfassers . . .   77
19. Hexen zum Sabbath reitend. Radirung nach *Francesco Goya*   114
20. Das alte Weib mit dem Teufel im Kampfe, nach einem altdeutschen Holzschnitt   117
21. Der Kampf eines Ritters mit dem Teufel, nach einer dem *Mart. Schongauer* zugeschriebenen Zeichnung in Florenz   118
22. Der Teufel in moderner Gestalt, nach *Engelb. Seibertz*   121
23. Schlussvignette, nach einer Zeichnung des Verfassers   123

INHALT.

I. Iconographie des Todes.

		Seite.
1.	Vorchristliche Auffassung der Todes-Idee	1
2.	Die Todes-Idee im christlichen Alterthum und in der Renaissance-Periode	10
3.	Der Tod als Skelett	22
4.	Attribute des Todes	25
5.	Die Todtentänze	32
6.	Todtentänze auf Wandbildern oder als Sculpturen	41
7.	Handzeichnungen und Kunstdrucke mit Todtentänzen	52
8.	Darstellungen des Todes auf einzelnen Kunstwerken	64

II. Iconographie des Teufels.

1.	Vorbereitende Momente zur Entwickelung der diabolischen Gestalt	77
2.	Ausbildung der Teufelsgestalt im christlichen Mittelalter	85
3.	Der Teufel und das Hexenwesen	93
4.	Der Teufel in der Kunst	97

I. Theil.

ICONOGRAPHIE DES TODES.

I.
Vorchristliche Auffassung der Todes-Idee.

Scheidet die Seele vom Leibe, so stirbt der Mensch. Dieser naturgemässe Vorgang heisst der Tod. Das Wort „Tod" drückt also ursprünglich eine Begebenheit, einen Vorgang aus und bedeutet keine Person. In diesem Sinne finden wir das Wort in den ältesten Büchern des alten Testamentes angewendet. Allmälig erst hat sich eine Personificirung des Begriffes herausgebildet, wozu Verschiedenes beigetragen hat. Einmal war es der Sprachgebrauch, welcher Naturkräften eine Thätigkeit zuschreibt, als ob diese das Werk eines freien Entschlusses, die That eines vernünftigen, denkenden Wesens wäre. Besonders hat das Dichterwort aller Länder und Zeiten einen grossen Einfluss auf die verschiedensten Personificirungen von Ideen oder Kräften ausgeübt. Als die ersten Schritte zur Personificirung des Todes können hier alle Bibeltexte gelten, welche dem Tode die Thätigkeit einer Person zuschreiben, wie: „*der Tod säumet nicht*" (Jes. Sir. 14, 12), „*der Tod wird vor seinem Angesichte gehen*" (Habac. 3, 5), *der Tod ist durch unsere Fenster gestiegen, in unsere Häuser gekommen*" (Jer. 9, 21), „*der Tod singt dir kein Lob*" (Js. 38, 18) und andere.

Wo es sich um ein plötzliches, unvorgesehenes Sterben handelte, da ging die Vorstellungsweise der Juden etwas weiter; in solchen Fällen dachte man sich einen besonderen Engel, Malach Hammoveth, der von Jehovah abgesandt wird, um mit einer Waffe den Menschen zu tödten. So lesen wir Sprüchw. 17, 11: *„ein grausamer Engel wird gegen ihn* (den Bösewicht) *abgeschickt"*. Hierher gehören auch die Bibelstellen IV. Kön. 19, 35 und Js. 37, 36. Hinter dem Begriffe des Sterbens steht hier also als Ursache eine wirkliche Person, der Todesengel, der Würgengel, *Azaël*. Diesen jüdischen Glauben adoptirten andere orientalische Völker; bei den Persern heisst der Würgengel *Mordad*, bei den Arabern *Azraël*, bei den Türken führen die beiden Engel des Todes die Namen *Monkir* und *Nekir*. Im alten Egypten waren *Todt*, *Anubis* und *Horus* die Begleiter der abgeschiedenen Seelen.

Nach einer bildlichen Darstellung solcher religiöser Ideen sehen wir uns indessen bei den asiatischen Völkern vergebens um; besonders die Juden perhorrescirten jede Abbildung vernünftiger Wesen.

Anders gestaltet sich die Sache bei den Culturvölkern des Alterthums, den Griechen und Römern; hier lehnen sich die Künstler an die Dichter an; was diese in begeisterten Worten aussprachen, haben jene in idealen Formen zum künstlerischen Ausdruck gebracht.

Wollen wir also die Darstellungsform der Künstler verstehen, so müssen wir uns nothwendig zugleich mit den Anschauungen der Dichter befreunden. Homer war der erste, der die Aehnlichkeit des Todes mit dem Schlafe aussprach; spätere Dichter haben oft beide, den Tod wie den Schlaf zu Brüdern gemacht, nach Pausanias sind sie Kinder der Nacht. So waren sie auf dem Kasten des Kypselos in den Armen der Mutter ruhend abgebildet. Bei den Griechen, die das Leben von der fröhlichsten Seite auffassten, durfte selbst der Tod keinen düstern Schatten über des Daseins Freuden ausbreiten; er erschien ihnen als ein jugendlicher beflügelter Genius mit umgestürzter Fackel (auf einem Grabstein im Museum Albani); zuweilen trägt er eine Krone und ein Schmetterling, das Sinnbild der Seele, begleitet ihn (auf einem Marmor-Sarkophag, Bellori Romanor. ant. vestigia Tab. 79), oder eine Maske liegt zu seinen Füssen, um anzudeuten, dass die Lebensrolle abgespielt sei. So abgebildet finden wir ihn auf geschnittenen Steinen, auf Medaillen und Münzen von Nicopolis, Hadrianopolis, Trajanopolis u. s. w. Auf einer Medaille der Faustina (s. Vaillant I, 81. II, 166. 133.) begleitet er als Genius die Seele in die Höhe. Wer denkt hier nicht an die schöne Dichtung von Amor und Psyche?

Man sieht hier, wie die Griechen das Schreckenhafte des Todes mit dichterischer Hülle deckten, wie sie auch vom Verstorbenen — und nach ihnen auch die Römer — zu sagen pflegten: ἐπνεῖ, dormit oder οἴχεται, abiit. Statt des starren: mortuus est, lesen wir: vixit. Darum soll den Römern die Zahl 17 (wie später in christlicher Zeit die Zahl 13) eine unglückliche gewesen sein, denn sie ist enthalten im Zahlwerth der Buchstaben: VIXI. Auch Petrarca singt: Passa la bella donna e par che dorma — (dahin ist die schöne Frau und sie scheint zu schlafen). — Strenge genommen ist hier der Genius keine eigentliche Personificirung des Todes, des Starrwerdens im Momente des Sterbens, sondern der ewigen Ruhe und Freude, die nachfolgt, wie derselbe Gedanke in der Iliade (16, 671) schön ausgedrückt ist:

> Hurtig entsende ihn dann, vertrauend den raschen Geleitern,
> Hypnos und Thanatos, die gepaart im Schwunge ihn tragen
> Fort in der Lycier Land voll weithin prangender Fluren,
> Dass ihn die Brüder und Freunde bestatten und über dem Grabe
> Schmückend ein Mal ihm erhöh'n, denn diess ist die Ehre der Todten.

Der Todesgenius zerstört also nicht gewaltsam das Menschenleben, sondern nimmt die geschiedene Seele schützend auf, um sie zur schöneren Heimath zu geleiten. Nicht minder poetisch erscheint der Tod in der Darstellung einer Hochzeit. Auf dem Relief des Sarkophags aus der Villa Borghese sehen wir den Genius des Todes, wie er die schöne Kora zur Hochzeit in die Unterwelt begleitet; etwas Aehnliches ist auf dem Sarkophag von Mazzara (Müller, Denkm. II. Bd. I, 102). Auf einem Vasengemälde aus Unteritalien nimmt die Braut Abschied von der Mutter und folgt willig dem Todesgenius. Die höchste Idealisirung gewann dieser, da er als Eros, als Liebesgott auftrat. So auf einem Gemälde von Herculanum (Pitture d'Ercolano VIII. tav. 31), wo Narciss im Begriff, sich in die Quelle zu stürzen, abgebildet ist und der Liebesgott mit umgestürzter Fackel neben ihm steht.

Es konnte indessen nicht ausbleiben, dass sich auch der Gedanke Geltung verschaffen musste, Niemand könne dem Tode entgehen und habe der Tod einmal seine Beute erfasst, so sei an ein Umkehren nimmer zu denken. Wir finden diesen Gedanken bereits bei Hesiod:

> Mitleidlos ist sein Herz und nimmer bewegt von Erbarmen,
> Gleichend der Härte des Stein's; und ist ihm ein Opfer gefallen,
> Nimmer entrinnt es sofort.

So begegnen wir einer Wandlung der Todes-Idee; die unbarmherzige Macht, die das Ende des Menschenlebens ausspricht, heisst dann $Moĩ\varrho\alpha$, fatum, die Parze (ursprünglich eine, später erst verdreifacht); auch bei den alten Celten und Germanen die drei spinnenden Schicksalsfrauen Holda, Behrta und Abundia. Aus $\mu o\tilde{\iota}\varrho\alpha$ entstand mors, im alten Latein morsa, bei den Etruskern muira oder athropa, von $\check{\alpha}\tau\varrho o\pi o\varsigma$. Wo es sich aber nicht um den natürlichen Tod in Folge des Alters oder einer Krankheit handelte, sondern um den gewaltsamen, z. B. auf dem Schlachtfelde, da tritt der Tod unter einem neuen Namen und mit veränderter Gestalt auf; sein Name lautet jetzt κήρ und er erscheint als beflügeltes Weib. So finden wir seine Darstellung auf Vasen (s. Panofka, Cab. Pourtales S. 80, Pl. 40). Bei den Germanen ging κήρ vervielfacht in die Walkyren über. Zu den finstern Gewalten des Todes sind ferner zu rechnen die Erinyen, Harpyien, Sirenen, die Nemesis, der Hades, ursprünglich eine Person, später erst Bezeichnung einer Oertlichkeit.

Einer eigenthümlichen symbolischen Auffassung der Todes-Idee müssen wir hier noch erwähnen, da sie in den verschiedensten Formen und Wandlungen in den Dichtungen und Kunstgebilden des Alterthums wiederkehrt, es ist das *Todtenpferd*. Diese Idee kam zu den Griechen aus dem Orient. In den Schriften der Inder finden wir die finstere Kali, die Gattin des Schiva, auf einem schwarzen Höllenpferd sitzend; bei den Persern begegnen wir zwei Todtenpferden, deren eines der Zerstörung zugewandt ist. Wer erinnert sich hier nicht des Apocalyptischen Bildes? „und siehe ein falbes Ross und der darauf sass, heisst Tod und das Todtenreich folgte ihm nach."

Bei den Hellenen, Italern und Germanen schliesst sich das Ross den Mächten an, welche die Menschenseele aus dem Erdenleben hinwegführen. Heracles steigt mit dem Gespann der Athene, Romulus mit jenem des Mars empor. Unter der bildenden Gewalt dichterischer Phantasie verwandelt sich das Pferd zuweilen in einen Delphin oder einen Adler, der den Ganymed vom Ida zum Olymp emporträgt. Auf Grabdenkmälern Etrurien's finden wir den Tod, wie er zu Pferd das Opfer erfasst und nach dem dunklen Reiche entführt. (Inghirami, Monum. Etrusc. S. I, P. I, Tab. 7.) Bei den Germanen erscheinen die Walkyren zu Pferd, sie sind schwarz und weiss gekleidet; ihre Bestimmung ist, die Todten des Schlachtfeldes abzuholen und in die Wohnung Wuotans zu führen. Im altdeutschen Gedichte heisst es: die Todten reiten schnell, von welchen Worten inspirirt Bürger seine bekannte Ballade schuf. In Dänemark finden wir das Todtenpferd Helhesten und in einem Gedichte des modernen Griechenland (so nachhaltig wirken und klingen fruchtbare Ideen in spätester Zeit nach) durchfliegt Charon auf einem Pferde das Gebirge; vor ihm gehen die Jünglinge, Greise folgen ihm nach und zarte Kinder sind an seinen Sattel gereiht. Auf Göthe's Veranlassung hat Leybold diese Idee künstlerisch behandelt, doch nicht ganz im Sinne des Gedichtes. (Abbild. in Schorn's Kunstbl. 1826.)

Später, besonders in der Zeit nach Pericles, trat die Personificirung des Todes in unverblümter herber Gestalt hervor; der Tod erscheint als $\Theta\acute{\alpha}\nu\alpha\tau o\varsigma$, als ein finsterer, fürchterlicher Gott, als infernale Gottheit, als König der Todten wie Pluto (in der Alceste von Euripides). Als $\iota\varepsilon\varrho\varepsilon\grave{\upsilon}\varsigma\ \vartheta\alpha\nu\acute{o}\nu\tau\omega\nu$ führt er ein Messer, mit dem er dem Sterbenden wie einem Opfer das Haar abschneidet und den unterirdischen Göttern weiht. Sparta errichtete ihm eine Statue, doch kennt man nicht die Gestalt derselben; geopfert wurde ihm bei den Griechen nicht (weil er unerbittlich ist?). Sein Gesicht ist schwarz und fahl: Pallida mors (Horaz), atra mors (Tibull); Euripides gibt ihm schwarze Flügeln. Künstler haben diese poetischen Andeutungen auf ihren Bildern verwerthet.

So verschiedenartig aber auch von Dichtern und Künstlern die Idee des Todes rücksichtlich ihrer Symbolisirung oder Personificirung behandelt und geändert wurde, so begegnen wir doch im ganzen Alterthum *nirgends einem Skelette, als Substrat der Darstellung des Todes.* Ueberhaupt kommt im Alterthum selten ein Skelett vor. Da die Todten verbrannt wurden, oder, wo man sie begrub, das Grab heilig war, konnte auch die Kenntniss des menschlichen Knochengerüstes nur eine sehr mangelhafte sein. Wo ein Skelett vorkommt, da fehlt bei den Knochen des Brustkorbes das sternum, z. B. auf dem Broncefigürchen im Cabinet des Vicomte de Jessaint, auf einem ähnlichen im Museum Kircherianum zu Rom. Auch die Schienbeine bestehen nicht aus zwei, sondern nur aus einem Knochen. Die Künstler haben sich über die Schwierigkeit, menschliche Skelette abzubilden, damit hinweggeholfen, dass sie die Knochen mit der Haut bekleidet dachten, wozu man an Leichen alter abgemagerter Menschen leicht Studien machen konnte. Sie stellten also anstatt eines Knochenmannes einfach eine Mumie dar. Uebrigens bezeichnet auch das Wort σκελέτος einen abgemagerten Körper.

Welche Bedeutung haben dann bei den Alten die Skelette oder Mumien, wenn sie den Tod nicht personificiren? In Egypten wurde, wie Herodot erzählt, bei der Tafel die Figur eines todten Menschen (Mumie) mit den Worten herumgezeigt: Esse, trinke und unterhalte dich, denn wenn du stirbst, so bist du dieser Figur ähnlich. Die reichen Römer ahmten diesen Gebrauch nach; wenigstens erzählt Petronius, dass beim Gastmahl des Trimalchio ein Skelett von Silber den Gästen gezeigt wurde und der Gastgeber, als echter Epicureer, denselben zurief:

Sic erimus cuncti, postquam nos auferet Orcus.
Ergo vivamus, dum licet esse, bene.

Auf einem geschnittenen Steine (Gori, Inscript, III. 21) ist oben ein Todtenkopf zu sehen, darunter die griechische Inschrift: Trinke und esse, bekränze dich mit Blumen, siehe was du einmal wirst. Eine Trinkvase mit Todtenkopf ohne Worte gehört wohl auch hierher. Auch das sündhafte Weltkind bei Jesaias (22, 13) huldigt denselben Grundsätzen: „*Essen wir und trinken wir, denn morgen müssen wir sterben!*" — In allen citirten Fällen deutet das Skelett oder der Todtenkopf keineswegs auf die Personificirung des Todes, sondern ist nur ein Bild, ein Symbol der Vergänglichkeit alles Irdischen. In modernster Auffassung könnte dieselbe Idee etwa durch eine Cigarrenspitze in Form eines Todtenkopfes, aus welchem der Rauch aufsteigt und verfliegt, versinnbildet werden. Die Erkenntniss dieser traurigen Wahrheit sollte demnach im Sinne Epikurs, die noch im Leben Weilenden mahnen, den gegenwärtigen Augenblick mit allen seinen Freuden und Genüssen auszunützen, denn: post multa saecula pocula nulla. Als Symbol der Vergänglichkeit scheint der Todtenkopf schon dem grauen Alterthume anzugehören, denn indische Anachoreten (Vanapraschas) hatten in ihrer Zelle auch einen Todtenkopf. Zwar streift diese Symbolik der Vergänglichkeit ganz nahe den Tod, aber eine Personificirung desselben ist das antike Skelett keineswegs.

Auf antiken Monumenten finden wir noch eine andere Gattung von Skeletten, die eine besondere Bedeutung haben, aber dennoch nicht den Tod personificiren, indem sie uns einen todten Menschen in concreto (nicht den Tod) vorstellen. In spät römischer Zeit hat Skeletos die Bedeutung von Larva, Lemur, Gespenst. Auf einem Basrelief der Gräberstrasse wird ein Skelett bestattet, auf einem Carneol der Praun'schen Sammlung hat das Skelett die Umschrift: *ΓΝΩΘΙ CEAUTON*. In einem alten Grabe bei Cumae wurden 1809 drei Basreliefs gefunden, die nach der Meinung der Alterthumsforscher darauf hindeuten, dass hier eine Tänzerin begraben wurde. Auf dem ersten tanzt die lebende vor einer sitzenden Gesellschaft, auf dem zweiten ist ein Tanz von Lemuren abgebildet, auf dem dritten tanzt die erstere als Skelett in die Unterwelt hinab. Die Darstellungen finden einen Wiederhall in den Worten der Dichter, die von abgeschiedenen Seelen (Lemuren) sagen:

Pars pedibus plaudunt choreas et carmina dicunt (Virg. Aen.)
oder:
Hic choreae cantusque vigent. (Tibull. Carm.)

Als Entgegnung auf unsere hier ausgesprochene Ansicht über die Bedeutung von Skeletten bei den Alten könnte man hier eine Gemme des Ritters Vleughels anführen, auf welcher ein Skelett von einer Amphora (Gebrechlichkeit), einem Rad (Flüchtigkeit), Schmetterling, einer Blume, brennender Fackel und zwei Mohnköpfen, alles Symbolen des Todes umgeben ist. Diese Gemme würde freilich unserer Ansicht entgegenstehen, aber gewiegte Archaeologen erklären dieselbe für unecht. Auf einem Magnetstein der Sammlung Stosch (jetzt im Berliner Museum) jagt ein Skelett auf einem mit Löwen bespannten Wagen, mit der Geissel in der Hand über ein Skelett zu einem dritten Skelett hin. Lessing sieht hier eine Beschäftigung der Lemuren, ein Wettrennen; was sie im Leben getrieben haben, setzen sie im Jenseits fort. Aber hier überwindet ein Skelett zwei andere, was doch nicht zum Wettrennen gehörte. Man sieht jetzt allgemein die Darstellung mit ihren unenträthselten Inschriften als ein Werk der Gnostiker an, die sich bekanntlich das Privilegium herausnahmen, in unverständlichen Hieroglyphen ihre Weisheit zu vergraben.

II.
DIE TODES-IDEE
im christlichen Alterthum und in der Renaissanceperiode.

ndem wir uns nun den Zeiten zuwenden, in welchen das keimende und allmälig sich ausbreitende Christenthum die menschliche Gesellschaft mit neuen Ideen bereicherte, dürfen wir, was unseren Gegenstand anbelangt, keineswegs einer neuen plötzlich hervortretenden Ausdrucksform zu begegnen glauben. Das liegt in der Sache selbst. Einestheils lassen sich in einer Uebergangsepoche alte Ansichten nicht so leicht abstreifen und mit neuen vertauschen; in den ersten christlichen Jahrhunderten lebten die Christen neben und unter den Heiden, die ja mehrentheils noch ihre nächsten Verwandten waren. Anderntheils hatte das Christenthum, dessen Anhänger einer langen Verfolgung unterworfen waren, für dieselben entsprechende Ansichten über den Tod festgestellt. Dieser, ursprünglich ein Sold der Sünde, ist durch den Opfertod Christi von seinem Stachel befreit worden; der Tod war für den Christen, besonders für den standhaften Märtyrer der Anfang des wahren Lebens, die Pforte zur Heimath, zu welcher das diesseitige Leben mit seinen Prüfungen und Qualen nur als Vorbereitung, als eine Pilgerfahrt hinführte. Wenn man also in der ersten Zeit des Christenthums durch irgend eine bildliche Darstellung an den Tod erinnern wollte, so verzichtete man gänzlich auf eine Personificirung des Todes und entlehnte ein allegorisches

Bild aus der h. Geschichte. Man wollte nicht so sehr den Tod betonen, sondern vielmehr das, was hinter demselben zu erwarten war: die Ewigkeit, die Auferstehung. Die bildlichen Darstellungen, die wir in den Catacomben finden, erhärten die Wahrheit des Gesagten. Es sind Begräbnissörter der Christen in der erwähnten Zeit und müssten darum, nach Analogie der heidnischen Grabstätten, den reichsten Fundort für Darstellungen des Todes bieten. Aber so viel Bilder und Sculpturen aus den Catacomben bis heute an das Tageslicht auch gefördert worden sind, einer Personificirung des Todes begegnen wir nicht. In der Catacombe von St. Praetextat finden wir zwar ein Bild, das wir unbedenklich für eine Personificirung des Todes annehmen. Ein Mann steht auf einem zweirädrigen Triumphwagen, der von vier schnaubenden, nach rechts galloppirenden Rossen gezogen wird und hält mit beiden Händen die Gestalt einer todten Frau; rechts steht ein Mann neben einer Urne. Oben liest man: Abreptio Vibies et Descensio. In der genannten Catacombe nun lagen heidnische Gräber neben christlichen und wir stehen hier vor einem Bilde, das mit dem Christenthum nichts zu thun hat. Die Frau deren Name Vibies war, wird von Pluto zur Unterwelt entführt; rechts erkennen wir in dem Manne den Mercur, der als Seelenführer $\psi v \chi o \pi o \mu \pi ό ς$ oder $\nu \varepsilon \varkappa \rho o \pi o \mu \pi ό ς$ hiess. Pluto personificirt hier nach heidnischem Begriff den Tod. (Abbild. bei L. Perret: Catacombes de Rome I. Pl. 72.)

Wenn Christen in jener Zeit vom Tode sprachen, drückten sie das Sterben in prägnanter Kürze und treffend aus: Dormit. (Hebr. II 14) — oder: Depositus in pace. Wenn sie Bilder zu gleichem Zwecke anwendeten, stellten sie den guten Hirten dar, der das Schäflein zur ewigen Heimath trägt, oder man suchte dem Tode das grässliche seiner Erscheinung dadurch zu benehmen, dass man das Licht einer historischen

Begebenheit auf denselben fallen liess. Man stellte z. B. nach Ezechiels Vision die Belebung der Todten dar (Basrelief eines Sarkophags auf dem Vaticanischen Gottesacker) oder die Erweckung des Lazarus (in der Catacombe von S. Calisto, Abbild. bei Agincourt Mal. T. 12).

Eine Personificirung des Todes suchen wir also bei den christlichen Künstlern der ersten Jahrhunderte vergeblich. Erst später trat eine allegorische Auffassung auf, zu der die Kirchenväter mit einer schwunghaften poetischen Beschreibung des Todes gleichsam Contur und Farbe vorbereitet haben. In der (apocryphen) Apostelgeschichte des h. Bartholomæus heisst es:

„Ille (Jesus) autem ipsam mortem, quae eregina nostra est, captitavit et ipsum principem nostrum, maritum mortis, vinculis ignatis vinxit."

Cyrillus von Jerusalem spricht von der Niederfahrt Christi, bei dessen Ankunft im Limbus der Tod voll Schrecken die Flucht ergreift. Bei ähnlicher Gelegenheit lässt der h. Andreas von Creta den Hades also zum Tode sprechen: Wehe, ich bin verloren! Siehe den Nazarener, der die infernalen Gränzen überschreitet, mich mit einem Pfeile durchbohrt und meine Todten mit seiner Stimme erweckt!

Die Kirchenlehrer reden hier freilich nur figürlich, aber eine solche Ausdrucksweise musste nothwendig auf die Ideengestaltung und Formengebung bei den Künstlern einwirken, so dass diese anfingen, Begriffe und Ideen durch Personen darzustellen, als ob es reale Wesen wären. Diese Umwandlung konnte um so leichter vor sich gehen, als der h. Johannes wie schon erwähnt, in seiner Apocalypse ein so ausdrucksvolles Bild des Todes gegeben hatte.

Doch müssen wir hier betonen, dass in den ersten zwölf Jahrhunderten der Tod noch nicht in der Gestalt eines Skelettes auftritt. Wo bei bildlichen Vorstellungen solche halb oder ganz entfleischte Knochengerüste oder Todtenköpfe vorkommen, da stellen sie nicht den Tod vor, sondern haben eine andere allegorische Bedeutung.

Eine Ausnahme machen die Gnostiker, welche zuerst die Gestalt des Todes als Skelett auffassten. Es gewinnt an Wahrscheinlichkeit, dass diese Darstellungsweise der Gnostiker, welche Christenthum und Heidenthum zusammen warfen, sich auf einzelne Sekten des Mittelalters vererbte, um endlich, zuerst in den Höhlen der Einsiedler und in den Zellen der Mönche, dann auch im öffentlichen Leben zum allgemeinen Gebrauch zu werden.

Eine solche Sekte war die der *Stadinghier*, welche Papst Gregor IX. um 1226 verurtheilt hatte. Einem Novizen dieser Sekte begegnete ein „homo miri palloris, adeo extenuatus ut macer, quod consumptis carnibus sola cutis relicta videtur ossibus superducta; hunc Novitius osculatur et sentit frigidum sicut glaciem et post osculum catholicae memoria fidei de ipsius corde totaliter evanescit. (Rainaldi Annal. 13.)

Im dreizehnten Jahrhundert gab es einen Orden des h. Paulus Eremita oder der *Brüder des Todes* (von Urban VIII. 1633 aufgehoben). Sie trugen auf ihrem Kleide einen Todtenkopf und Gebeine. Bei ihrer Mahlzeit legten sie gleichfalls einen Todtenkopf auf den Tisch, doch war dessen Bestimmung eine ganz andere, als bei den alten Epyptern, oder beim Gastmahl des Trimalchio. Der Todtenschädel sollte die Mönche ermahnen an den Tod zu denken, um das Vergängliche des Lebens zu verachten und zu fliehen.

Ein Todtenkopf kommt vor auf einem Gemälde auf Holz, griechisch-italienischen Styls aus demselben Jahrhundert. Der Schädel liegt in einer aus Steinen gebildeten Höhle unter dem Kreuze, auf welchem Christus sterbend abgebildet ist. (Abbild. bei Aginc. Mal. T. III.) Ob hier wohl der Künstler den Tod in einen Zusammenhang mit der Begebenheit auf den Calvarienberge bringen wollte? Das Bild wäre etwa eine Illustration der bekannten Apostelworte: „*Der letzte Feind, der vernichtet wird, ist der Tod; denn Alles hat er seinen Füssen unterworfen.*" (I. Cor. 15, 26.) Man könnte aber auch in diesem Todtenschädel den letzten Rest Adam's erblicken, da eine alte Ueberlieferung den Calvarienberg (die Schädelstätte) den Begräbnissort des ersten Menschen nennt. Auf ein Grab deuten die mit architectonischer Geschicklichkeit zur Wölbung verwendeten Steine hin. Der Künstler hätte in diesem Falle den Gedanken ausdrücken wollen: Ueber dem Grabe des ersten Adam brachte der zweite, neue Adam durch sein Todesopfer neues Leben vom Baume des Kreuzes. Der todte Adam unter dem Kreuze am Calvarienberg liegend ist in einem Holzschnitt im Hortus deliciarum abgebildet.

Auf einem Temperabilde auf Holz, das derselben Periode angehört (Abbild. Aginc. T. 117) sieht man oben Maria mit Engeln und unten ein von Würmern fast gänzlich zernagtes Skelett. Wahrscheinlich gehörte das Bild zu einem Grabmal und das Skelett ist hier offenbar kein personificirter Tod, sondern stellt einen Todten vor, der eine Beute der Verwesung geworden ist.

Die Uebertragung des Concreten in das Abstracte war, wie vorstehende einzelne Beispiele klar genug andeuten, so nahe gelegt, der Schritt von einem zum anderen so klein, dass wir uns wundern müssten, wenn die Darstellung des Todes in der Gestalt eines Todten oder eines Todtengerippes noch länger auf sich hätte warten lassen. Es gehörte keine grosse Phantasie dazu, den Tod in jener Gestalt auftreten zu lassen, in welche er alle Sterblichen verwandelt, wenn Augen, Ohren, Nase, kurz alles Fleisch durch die Verwesung verschwindet und nur das Knochengerüste übrig bleibt.

Auf einem ruthenischen Gemälde auf Holz, das dem

14. Jahrhundert angehört, reitet der „leibhaftige" Tod als eine magere, kahlköpfige Figur auf einem Löwen, mit einer Sense bewaffnet und einen Köcher tragend, in dem sich Beile statt Pfeilen befinden. Hier ist keine der bisher anwendbaren Deutungsweisen zulässig, man kann in der dargestellten Figur (Abbild. bei Aginc. Mal. Taf. 120) eben nichts anderes, als den personificirten Tod sehen, wie auch an einem Frescobilde in Subiaco aus derselben Zeit, worauf der Tod als Skelett mit einem Schwert auftritt (Abbild. ebend. Taf. 126.)

Wir müssen hier nothwendig auf eine Macht hinweisen, welche die Künstler unwillkürlich zu einer solchen Darstellungsweise des Todes hindrängte. Es war das gewaltige Wort des Dichters, der aus dem Borne seiner reichen und formgewandten Phantasie eine solche Fülle der anmuthigsten wie schrecklichsten Bilder schöpfte und mit den elektrisirenden Worten der wohltönendsten Sprache zum äusseren Ausdruck brachte, dass Volk und Gelehrte, Dichter und Künstler seiner Dichtung lauschte, wie einst die Thiere den Tönen Arion's. Wir meinen Dante (1265 - 1321), der vor der erstaunten Welt seine „*Divina Comedia*" aufführte. Gerade, was unseren Gegenstand anbelangt, hatte der Dichter nachhaltig die Künstler beeinflusst. Wird doch der Dichter im ersten Theile seiner Dichtung, im l'Inferno herumgeführt und der Tod zeigt sich seiner Dichter-Phantasie auf dieser Wanderung durch die Hölle in unzähligen, zuweilen gigantischen, schrecklich - erhabenen Gestalten.

Wir dürfen hier nicht vergessen, dass wir in Dante das erste Morgenroth der aufdämmernden Renaissance zu begrüssen haben, einer Zeit der Kunstblüthe, in welcher Dichter wie Künstler es nicht verschmähten, christliche Ideen an antike Formen anzulehnen. Dante lässt mit freiem Verständniss sich im l'Inferno von Virgil führen und webt in seiner Comedia so Vieles aus alter classischer Zeit unter christliche Anschauungen ein, dass für die Kunst sich damit eine neue Welt von Ideen und Formen aufschliesst.

Um das Gesagte recht auffällig durch ein Beispiel zu illustriren und zu bestätigen, wollen wir dem weltberühmten Campo santo in Pisa einen Besuch abstatten. Wir finden bald, was wir suchen: *Il trionfo della Morte!* eine der grossen Compositionen, die man dem Andrea Orcagna (1329-1389) zuschreibt*).

Dem italienischen Künstler wiederstrebte es, den Tod als ein Skelett darzustellen; folgend dem Idiom seiner Sprache wählt er die Gestalt eines Weibes, eines alten hässlichen Weibes mit fliegendem Haar und Fledermausflügeln, eine Sense schwingend. Wie offenbart sich nun ihr Sieg? In der Mitte des Vorgrundes gewahrt man die Niederlage, welche die furchtbare Sense bereits angerichtet hatte; Vornehme und Geringe liegen hier todt und durcheinander geworfen. Nachdem der Tod seine Arbeit gethan, setzen Engel und Teufel dieselbe fort, indem sie nach dem moralischen Zustande der Verstorbenen die Seelen derselben in Gestalt kleiner Kinder in Empfang nehmen. Eine ergreifende Scene spielt sich hier als Episode ab: Altersschwache, Blinde, Lahme flehen den Tod um Barmherzigkeit an, nicht dass er sie verschone, sondern dass er sie von der Erde Plagen befreie und zur ewigen Ruhe befördere — vergebliche Mühe!

> Ein Siecher sehnt sich nach dem Tod vergebens,
> Ein Blinder ruft mit Sehnsucht nach dem ew'gen Licht,
> Und müde ist der Greis schon seines Lebens!
> Der Tod hört ihre Bitten nicht.

Nein! das schreckliche Weib hat sich bereits von der Gruppe weggewendet und fliegt über eine zweite hinab, die sich rechts im Schatten des Gartens, zu einem fröhlichen Feste

---

*) Nach Crowe u. Cavalcaselle Gesch. d. ital. Mal. II. 21. von Pietro Lorenzetti.

versammelt hat. Es ist eine gar vornehme Gesellschaft; Reichthum, Jugend, Bildung und Kunst erheitert ihr Leben, da wird gesungen, musicirt, geschäckert und gelacht. Niemand ahnt, wie bald ein schriller Misston die schönste Lebens-Symphonie zerstören wird. In der Luft kreisen Daemonen, den Todtenvögeln gleich, die den Schiffbruch eines Schiffes ahnen. Schon holt das schreckliche Weib mit der Sense aus, nichts kann den Sieg des Todes zweifelhaft machen.

Damit ist der Inhalt des Bildes keineswegs erschöpft. Links im Vorgrunde sehen wir drei offene Särge mit Todten; ein dabei stehender Einsiedler scheint die daher stürmende lustige Gesellschaft von Reitern auf diese letzten Ueberreste menschlicher Herrlichkeit aufmerksam machen zu wollen. Wir finden hier zum erstenmal die Darstellung einer Geschichte, die im Mittelalter oft erzählt und bildlich dargestellt wurde, der Geschichte mit den drei Lebenden und drei Todten. Vasari hält den Einsiedler für den h. Macarius, doch kommt in dessen Leben nichts vor, was eine Beziehung zu unserem Bilde hätte. Vielleicht ist Macarius als Prototyp der Einsiedler aufgefasst. Die drei Verstorbenen in den Särgen zeigen die drei Grade der Verwesung: das Aufblähen der Leiche, die Verwüstung durch die Würmer und endlich das nackte Skelett. Hier siegt der Tod noch durch den Eindruck, den der Anblick seiner Beute macht, die so stolz einherreitende Jugend erschrickt und bäumt sich ordentlich zurück.

Bis hierher haben wir den Triumph des Todes gesehen, aber das Bild hat noch eine Kehrseite und stellt nicht allein den Triumph sondern auch die Niederlage des Todes dar; die Dissonanz soll durch einen milden Accord zur sanft austönenden Symphonie aufgelöst werden. Links nämlich erhebt sich im Grunde ein Gebirge, welches von mehreren Einsiedlern bevölkert ist; einer melkt die Hirschkuh, ein zweiter meditirt im Buche, ein dritter sieht verwundert, aber ruhig in's Thal, auf das Schlachtfeld des Todes hinab. Bis zur Höhe ihrer Einsiedelei reicht des Tyrannen Gewalt nicht hinauf. Sie, die dem Leben abgestorben sind, fürchten den Tod nicht mehr, sie sind vor dem Tode gestorben. Hier unten in der Tiefe der vergänglichen Herrlichkeit, des Sinnenrausches, dessen innerster Kern Moder und Verwesung ist, mag man noch rufen: De profundis clamavi ad te Domine; Aus der Tiefe habe ich o Herr zu dir gerufen; — Dort oben haben die Worte der Schrift ihre Geltung: „Die Seelen der Gerechten sind in der Hand Gottes und die Qual des Todes berührt sie nicht." (Weish. 3, 1.)

Zu einem anderen Triumph des Todes gab Pertrarca Anlass. Als ihm 1348 seine geliebte Laura durch den schwarzen Tod so plötzlich entrissen wurde, da dichtete er den Trionfo della morte. Auch er beschreibt den Tod im Sinne der Renaissance als ein Weib, nicht als ein Skelett:

> Ed una donna involta in veste negra
> Con un furor, qual io non so, se mai
> Al tempo de Giganti fusse a Flegra. . . .

Tizian, der diesen Triumph illustrirte, dachte sich 130 Jahre später den Tod bereits als ein Skelett mit der Sense, das auf einem antiken Triumphwagen von zwei Stieren gezogen wird. (Gestochen von G. Pencz.) Auch Coxcie componirte einen Triumph des Todes; dieser sitzt auf einem Wagen mit der Kaiserkrone; Saturn, auf dem Pferde reitend, macht den Kutscher, die Räder des Wagens zermalmen die Sterblichen.

Als einer Merkwürdigkeit auf unserem Gebiete müssen wir der Thatsache erwähnen, dass Michel Angelo auf seinem berühmten Gemälde des jüngsten Gerichtes den Tod in der Gestalt des alten heidnischen Charon vorführt. Man sieht, wie die Renaissance damals die Künstlerwelt beeinflusste. Auf einem

Basrelief von Terracotta von Pierino da Vinci im Palast Gherardesca zu Florenz erscheint der Tod als altes Weib. Abbild. in Litta: Celebri famiglie italiane.

Erwähnenswerth bleibt eine Darstellung des Todes im Sinne der feinsten Renaissance, die wir an einem Glasgemälde

der Patriziuskirche in Rouen finden und deren Composition man dem Jean Cousin zuschreibt. Der Tod ist als altes abgemagertes Weib mit Pike und Pfeilen abgebildet, das gierig nach der Beute sieht. Wir geben hier eine Abbildung.

Es sei uns hier gestattet, Einiges über die oben berührte

Geschichte von den drei Lebenden und den drei Todten einzuschalten. Der Inhalt der Geschichte ist kurz dieser: Drei vornehme junge Männer, welche auf die Jagd ritten, wurden von einer gleichen Anzahl schrecklicher Gespenster angehalten, die den muthigen lebensfrohen Gesellen eindringliche Lehren über die Unbeständigkeit irdischer Herrlichkeiten gaben. So finden wir die Geschichte bereits in französische Verse gebracht im 13. Jahrhundert unter dem Tittel: Li trois Mors et li trois Vis. (Pariser Bibliothek.) In einem andern Werk mit lateinischen Versen von Rodericus Zamorensis, Speculum omnium statuum erscheinen die drei Ritter einem Einsiedler, vor dem sie sich ihrer Macht rühmen. Bald kommen drei von Würmern benagte Skelette, welche sie ob ihrer Hoffart zur Ruhe verweisen. Die Geschichte kommt in unzähligen Abbildungen in alten Büchern und auf fliegenden Blättern vor, so in einem Manuscript bei Arundel, in alten Ausgaben des: Dance Macabre z. B. 1528, die in Troyes erschien. Als Sculptur befand sie sich auf dem 1786 aufgehobenen Begräbnissorte der Saints - Innocents zu Paris. Auf einer schön ausgeführten Miniaturmalerei des Berliner Kupferstich - Cabinets sind die Reiter bewaffnet, ebenso die gleichfalls reitenden Skelette, deren eines eine Sense, das andere einen Dreizack, das dritte einen Pfeil führt. Oben sind fliegende Bänder für Inschriften angebracht. Wahrscheinlich war das Blatt für ein Stammbuch bestimmt, worauf das Wappen oben deutet. In derselben Sammlung befindet sich ein Holzschnitt des 15. Jahrhunderts mit gleicher Darstellung; die Skelette sind zu Fuss, die Lebenden reiten. Jede Figur hat ein fliegendes Blatt, darauf stehen von links nach rechts folgende Inschriften:

(Erster Lebender): Sie weren wer sie weren
Wir magen uns ir wol irferen.
(Zweiter Lebender): Sint sie menschen gewesen glich:
Sich das wondert mich.

(Dritter Lebender): Gott durch dine wonder manigfalt
　　　　　　　　　　Wie sint die drie alfo geftalt.
(Erster Todter):　　 Jz insal uch nit wonder han
　　　　　　　　　　Das wir drie sint alfo gethan.
(Zweiter Todter):　 Das ir sicl daz waren wir
　　　　　　　　　　Das wir sint das werdent ir.
(Dritter Todter):　 Sin wir isz hube ir sicl morn.
　　　　　　　　　　Jch meynen uch alle drie da vorn.

Aus dem Gesagten erhellt, dass es sich hier nicht um die Personification des Todes als solchen, sondern um concrete todte Menschen handelt. Wenn ähnliche Darstellungen Todtentänzen angereiht wurden, so lag der nicht ausgesprochene Grund darin, dass man mit dieser Darstellung und ihrer Bedeutung vom concreten zum abstracten Sinne sich erheben sollte.

III.
DER TOD ALS SKELETT.

ei den Völkern des Nordens, vorzüglich in Deutschland, wohin die Renaissance erst später ihren Einzug hielt, finden wir bereits seit dem 13. Jahrhundert den Tod als Skelett oder wenigstens abgemagertes Gebilde, dessen Knochen nur mit der Haut überzogen sind.

Wir haben bereits angedeutet, wie sich diese Vorstellungsweise herausgebildet haben mag. Den Alten galt das Skelett als Repräsentant eines Todten. Dehnte man diesen Begriff aus, so war von der Allegorie zur Personification nur ein kleiner Schritt. Man stellte sich den Tod einfach so vor, wie der Mensch durch ihn endlich wird; der Tod entkleidet die Knochen alles Fleisches, es bleibt nur das Knochengerüste und darin werden alle Menschen ohne Unterschied gleich gemacht, wesshalb es vom Tode heisst: Aequat inaequalia. Der Todte wurde zum Bilde des Todes, das Concrete zum abstracten, aus dem Memento mori wurde ein Memento mortis.

Man würde jedoch irren, wenn man der Vermuthung Raum geben wollte, dass man absichtlich ein schreckhaftes Gebilde, wie ein Skelett ist, gewählt habe, um Grauen zu erregen. Den Christen verursachten die Gebeine der Todten kein Entsetzen; diess lässt sich aus der ganzen Anschauungsweise des Mittelalters erklären. Man bewahrte die Gebeine der Heiligen, besonders der Märtyrer, in kostbaren Reliquiarien und stellte sie öffentlich zur Verehrung für die Gläubigen auf den Altären aus, zu denen oft von weiter Ferne Pilgerfahrten unternommen wurden. Das Auge des Christen gewöhnte sich an diese Gegenstände; und da man mit einem wirklichen Skelett familiär wurde, ihm sogar Verehrung zollte, wie sollte ein Bild desselben Entsetzen erregen? Die Sammlung von Reliquien dieser Art in der St. Ursulakirche zu Cöln ist ihrer Reichhaltigkeit wegen berühmt, man könnte diese Kirche eine wahre sancta Kranotheka nennen.

Bekanntlich hatte man früher bei jedem Begräbnissorte sogenannte Todten- oder Beinhäuser, wo Jeder die oft hier angehäuften Knochen Verstorbener betrachten konnte. In Rom ist am Allerseelentag (2. November) die unterirdische Capelle San Sepolcro in der Nähe des Ponte San Sisto offen. Sie ist mit Todtenbeinen wie mit bizarrem Stuck so reich ausstaffirt, dass keine Wand sichtbar ist. Dass das Volk von diesem Anblick nicht angegriffen wird, dafür spricht, dass man an diesem Tage des Gedränges halber nur schwer in diese Räume gelangen kann. Ein gelindes Grauen scheint gewissen menschlichen Nerven sogar eine Art Wollust zu bereiten. Diese Capelle wird noch übertroffen von dem Begräbnissort der Kapuziner in Maria della Concezione auf Piazza Barberini zu Rom, wo auch Sobieski ruht. Unter der Kirche befindet sich ein langer Corridor, wo in der Erde, die aus Jerusalem herbeigeschafft wurde, die verstorbenen Ordensbrüder in ihrem Ordenskleide der Reihe nach begraben werden. Ist die Reihe voll, so muss der erst Begrabene dem zuletzt Verstorbenen Platz machen und der exmittirte Schläfer in seinem halb verwesten Gewande muss sich an die Wand stellen, an die er mit Draht befestigt wird. Da sieht man ganze Skelette oder nur mit fahler Haut bedeckte Gesichter mit eingefallenen Wangen und Augen, oft noch mit ihrem Barte geziert, als ob sie Wache hielten um die in den Gräbern Ruhenden. Von den Gebeinen der zerfallenen Skelette werden Guirlanden gemacht und die Wände mit ihnen wie mit Festons verziert.

Etwas Aehnliches findet sich im Franziskanerconvent in Madeira. — Malerischer gestaltet sich eine ähnliche Scene in einer Kirche zu Palermo, indem hier die ausgedörrten Leichen verschiedener Stände in ihrem Costüm aufgestellt sind, der Priester im Chorrock, der Soldat in seiner Uniform, der Dandy nach der Mode seiner Zeit gekleidet. Unzählige Blumen und Palmzweige suchen das Schreckliche zu mildern, indem sie mit dem parfümirten Oel, das hier brennt, angenehme Wohlgerüche verbreiten.

Einen wüsten Anblick gewähren einzelne Partien der Catacomben unter dem Stephansdome in Wien. Die an der Pest Verstorbenen wurden durch ein Loch mit den Kleidern, die sie eben trugen, hinabgeworfen. Welche bizarre Lagen, sogar Stellungen zwang hier der Tod seine Opfer zu nehmen! — In Sedletz bei Kuttenberg in Böhmen ist die Todtencapelle gleichfalls mit Gebeinen Todter decorirt, die Beinknochen sind zu Guirlanden verbunden, Schädel sind zu Pyramiden aufgerichtet und selbst der Altar enthält Trophäen des Todes.

Nach dieser Diversion werden wir es nicht auffallend finden, dass man die Personification des Todes als abgemagertes oder wirkliches Skelett im Mittelalter ganz in der Ordnung fand. Das abgemagerte Gebilde, die mit Haut überzogenen Knochen gehören der älteren Periode an; je weiter sich die Kenntniss des Knochenbaues durch bessere anatomische Studien ausbreitete, desto zahlreicher treten nackte Skelette hervor. Auf den beiden Basler Todtentänzen erscheint der Tod in der älterer Form, beim Gross-Basler macht der Tod beim Doctor eine Ausnahme, er erscheint als Gerippe und sagt:

>   Herr Doctor b'schaut die anatomey
>   An mir, ob sie recht g'machet sey?

IV.
ATTRIBUTE DES TODES.

un entsteht die Frage, wie wir beweisen können, dass durch das Skelett nicht der einzelne Todte sondern der Tod selbst dargestellt wurde? Der Beweis ist leicht durch die Attribute hergestellt, die das Skelett begleiten und die Macht oder Thätigkeit des Todes bekunden; Attribute, wie sie neben einem concreten Todten unverständlich wären. Bevor wir die bildlichen Darstellungen revidiren, müssen wir uns, wie schon früher, bei den Dichtern umsehen und uns die Frage beantworten, wie sie dessen Eingriff in das Menschenleben sich gedacht haben. Das Wort des Dichters bestimmte dann auch die Form, die der Künstler zur Versinnbildlichung der Idee wählte. Die Anschauungsweise der mittelalterlichen Dichter, Prediger etc. ist eine ganz andere, als die der antiken Welt, ist ihr oft diametral entgegengesetzt. Im Alterthume trat der Tod als Bote einer Gottheit auf, um die Seele zu holen. Ein Anklang dieser Idee ist in der Bibel zu finden, wo die Seele des armen Gerechten in Abraham's Schooss getragen wird. Luc. 16, 22.

Die Römer glaubten, der Tod poche an der Pforte an, um sein Kommen zu verkündigen: Pallida mors aequo pulsat pede pauperum tabernas regumque turres. Die Ansicht des Mittelalters ist eine andere geworden; der Tod wird ein Feind des Menschen, der ihn selbst, oft sogar mit Gewalt zu Falle bringt. So erscheint er als *Jäger* mit dem sicheren Geschoss, was schon in Palm 90, 3 anklingt, als *Kriegsmann*, dem der Mensch im Duell unterliegen muss, wesshalb es von einem Sterbenden in der Agonie heisst: er ringt mit dem Tode; als *Mäher oder Schnitter*, dessen Sense die Menschen wie Gras abmäht (vergl. Ps. 36, 2. 102, 15. I. Petr. 1, 24). Bei Kaisersberg heisst er der Holzmeier „er übersicht keinem baum, er hawet sie alle ab." (An einigen Orten soll der Todtengräber Holzmeier genannt werden.) In einem Meistergesang des 14. Jahrhunderts wird er genannt der *„bleiche Streckefuss oder Streckebein"*, denn „er hat kein ru, er hab gestrecket mir das fell". Hans Sachs beschreibt ihn, wie er dem Menschen „das stüllein zucket", unter ihm, wo er am besten zu sitzen wähnt, den Stuhl wegzieht. Auch wird er beschrieben, wie er das Licht ausbläst (hier eine Erinnerung an die umgestürzte Fackel des antiken Todtengenius; vergl. Grimm, Deutsche Mythologie, S. 799—815.

Dem Dichterwort, dem Bilde der Sage entsprechend sind auch die bildlichen Darstellungen. Oft erscheint der Tod *reitend*, meist auf einem abgemagerten Ross. Hier dürften alte orientalische, griechische und deutsche Sagen, wohl auch das apocalyptische Pferd formgebend gewirkt haben. So erscheint er auf einer alten Tarokkarte von Gringonneur (s. meinen Artikel in Ersch u. Gruber's Encycl., Art. Gringonneur) als bekleidetes Skelett mit der Sense. Abbild. bei Langlois, Essai sur les danses des Morts. Ebenso reitet er auf dem bekannten Dürer'schen Kupferstiche: Ritter, Tod und Teufel; in neuester Zeit auf dem Holzschnitt von A. Rethel.

An Stelle eines Pferdes treffen wir zuweilen den Löwen an. Der Löwe ist ein Sinnbild der Stärke; das Löwenmaul wird zuweilen als der Höllenschlund genommen.

Mit dem Begriff des Reiters ist der des *Kriegsmann's*

nahe verwandt. Der Tod trägt darum eine Lanze oder Bogen und Pfeile. In einem Todtentanz-Manuscript mit Zeichnungen aus dem 16. Jahrhundert (Berl. Museum) schiesst er, auf einem Pferde reitend, seinen Pfeil auf zwei jugendliche Reiter ab. Er erscheint als Kriegsmann, der eine ganze Menschenarmee niederwirft, auf einem Blatte nach D. Vinckenboons. Aus einem Thor rechts machen viele Menschen jeglichen Standes einen Ausfall, alle mit Piken bewaffnet, die Bauern mit Dreschflegeln, ein Lahmer sogar mit seiner Krücke; der Tod sendet der Menge seine Pfeile entgegen und bringt ihr eine fürchterliche Niederlage bei. Auf einem alten Stich von A. Claaszen erliegt der Soldat im Kampfe mit dem Tode:

> Mit dem Tod und seinen Knechten
> Hilft es weder streiten noch fechten.

wie es im Basler Todtentanz heisst.

Endlich wird ihm die höchste irdische Würde zugesprochen, indem er als *Kaiser* auf dem Throne herrscht, der Spaten ist sein Schwert, die Harke sein Scepter. So auf einem Holzschnitt: der Rechtsstreit zwischen dem Tode und dem Menschen; Könige legen vor seinem Throne ihre Kronen nieder.

Dem Kriegsmann ist der Jäger ähnlich, der als solcher auch Waffen trägt. Als Jäger verfolgt der Tod die Menschen wie ein armes Wild, um sie zu erlegen. Als ein gekrönter Jäger mit einem Falken in der Hand ist er als Marmorstatue in der Kirche S. Pietro Martire zu Neapel vorgestellt; zu seinen Füssen liegt die Jägerbeute, eine grosse Zahl von Menschen verschiedenen Alters und Geschlechtes. Dabei stehen die Verse:

> Eo sò la morte che caccio
> Sopra voi jente mondana,
> La malata e la sana,
> Di, e notte la percaccio.

Ein Reicher wirft Geld auf den Tisch, um den grausamen Jäger zu bestechen:

> Tutti ti volio dare
> Se mi lasci scampare —

worauf der Tod antwortet:

> Se mi potesti dare
> Qanto si pote dimandare
> Non te pote scampare la morte
> Sa te viene la sorte.

Auf einem Gemälde von Fr. Frank in München werden ihm Menschen und Thiere wie einem Jäger entgegen getrieben, dessen nie fehlende Geschosse sie erlegen. So auch auf einer Radirung von J. B. Angeli (B. 36). Auf einer Zeichnung im bereits erwähnten Todtentanz-Manuscript des Berl. Museums befinden sich Menschen (verschiedene Stände) auf einem Baume, die der Tod wie Sperlinge herunterschiesst.

Als Schnitter, der die reife Frucht abmäht, führt er die Sense, eine Umwandlung der apocalyptischen Sichel. Spielt hier auch der alte Chronos herüber? Auf dem Bilde von Orcagna in Pisa, auf der erwähnten Tarokkarte von Gringonneur, auf einem Stich der Diana Ghisi (Pass. 55) schwingt er die Sense. Auf einer Zeichnung des oben angeführten Berliner Manuscripts mäht er Menschen auf einer Wiese wie Heu ab.

Als Holzmeier fällt er den unfruchtbaren Baum auf einem Kupferstich von Hier. Wierix; der Teufel hilft mit einem Stricke nach, der Mann, dessen Symbol der Baum ist, kniet, während Christus im Begriffe steht, eine Glocke zu läuten. Die Symbolik ist bereits etwas complicirt. Man könnte hierher auch einen schönen Holzschnitt von Urse Graf beziehen. Der Tod sitzt mit der Sanduhr, darauf ein Rabe, auf dem Baume unter welchem zwei Kriegsknechte mit einer etwas zweifelhaften Dirne sich in Unterredung befinden. Auch ein Holzschnitt des 16. Jahrhunderts im Berl. Museum dürfte hierher gehören. Der Tod mit Axt und Bogen tödtet eine Ritter-Familie unter einem Baume, auf die Jagd deutet im Grunde der Hirsch und das Häslein.

Menzel in seiner „christlichen Symbolik" nennt als jüngstes Attribut die Sanduhr, das Symbol des schnell vergehenden Lebens. Wir fanden aber die Sanduhr schon bei Urse Graf, also am Anfang des 16. Jahrhunderts und begegnen ihr noch einige Zeit früher, wie wir gleich sehen werden.

Es war eine eigenthümliche originelle Auffassung, das Sterben als ein Glücksspiel darzustellen. Der Mensch spielt mit dem Tode gleichsam um sein Leben, natürlich ohne Hoffnung, je gewinnen zu können. Bekanntlich war das Schachspiel im Mittelalter ein sehr verbreiteter und beliebter Zeitvertreib und so hat auch der Künstler den Tod dargestellt, der im Schachspiel den Menschen schachmatt setzt. Ein solches Bild befand sich im Kreuzgang des Strassburger Münsters mit der Jahreszahl 1480. Nach der Beschreibung des Bildes in: Summum Argentoratensium Templum, Strassb. 1617, mit Stichen von Js. Brunn S. 51 soll der Tod mit dem Engel um das Menschenleben gespielt haben. Deutsche Verse erklärten das Ganze. Da das Bild schon längst verschwunden ist, sich auch keine Abbildung erhalten hat, so weiss ich nicht, ob die Beschreibung mit der Darstellung übereinstimmt, vermuthe aber, dass wir in einem anonymen Kupferstiche aus dem Ende des 15. Jahrhunderts wenn nicht eine Copie des Bildes doch eine genaue Wiederholung des Gegenstandes haben, weshalb ich die Beschreibung nach dem Stiche hier gebe. (S. Abbild.) In der Mitte zieht sich ein länglicher Tisch in den Grund hin, wo der Engel mit der Sanduhr en face, gleichsam als Beobachter der Scene steht. Links sitzt als Schachspieler der Kaiser, hinter ihm der König und einige vornehme Frauen, vorn ein Kind mit dem Steckenpferd. Rechts steht als zweiter Schachspieler der Tod; seine Schachfiguren sind schwarz. Zur Seite sieht man den Papst, den Bischof, hinter ihm den Cardinal und mehrere Männer. Beide Spieler haben je vier Steine noch

Das Schach-piel des Todes.

auf dem Schachbrett; des Kaisers König wird soeben durch den Thurm, die Königin und die beiden Rössel des Todes schachmatt gemacht. Das Blatt ist selten, Passavant beschreibt es Band II. S. 277 No. 11. Ein Exemplar befindet sich in der kais. Sammlung zu Wien, eines zu Basel und eines zu Berlin. Letzteres ist alt colorirt und hat in den fliegenden Bändern die Inschriften von alter Hand eingeschrieben, welche am Strassburger Gemälde sich befunden haben sollen. Dieser Umstand lässt mich vermuthen, dass der Stich mit dem Gemälde in Zusammenhang steht. Beim Engel stehen die Verse (auf dem uns vorliegenden Blatte von fremder Hand eingeschrieben):

O Mensch, merk gar eben
Es gilt dir sel und leben

Beim Tode hingegen die Ansprache an den Kaiser:

Ich Sag dir es ist daran
Du must tödlich schachmatt han.

Beim Volke:

In diesem spil, o Herre myn
Laß dir myn Seel befohlen sin.

Im mehrfach erwähnten Berliner Manuscript kommen zwei Arten von Spielen vor; einmal das Schachspiel, bei welchem der Künstler aber keine rechte Kenntniss des Schachbrettes besass; und dann das Lordspiel, in dem der Tod einen jungen Mann überwindet.

V.
Die Todtentänze.

s wird nun nothwendig sein, zu einer Specialität unseres Gegenstandes, zu den sogenannten Todtentänzen überzugehen. Die Schriftsteller, welche über diesen Stoff geschrieben haben, sind weit entfernt, den Ursprung der Todtentänze aus **einer und derselben Quelle** abzuleiten; im Gegentheil gehen ihre Vermuthungen darüber weit auseinander. Man kann auch nicht beweisen, wenn eine solche Darstellung zum erstenmal entstanden ist und was den Künstler zunächst zu dieser Darstellungsform bestimmt haben mag. Doch werden wir nicht irre gehen, wenn wir auch hier den nächsten Impuls in der bilderreichen Sprache der Dichter, Sänger und Prediger suchen.

Leber will den Ursprung der Todtentänze bereits im Alterthum finden. Er führt den Democrit an, der sich zu Abdera ein Grabmal zur Wohnung wählte. Die Abderiten, die ihn für einen Narren hielten und ihn schrecken wollten, behängten sich mit schwarzen Gewändern, nahmen Todtenmasken und tanzten um das Grabmal. Der Glaube an tanzende Todte ist dem Alterthum nicht fremd. Anacreon ruft in seiner 4. Ode aus:

> Mit Rosen kränzt das Haupt mir
> Und ruft mir her die Freundin,
> Ehe ich dorthin gehn muss
> Zum Reigentanz der Todten.

Virgil und Tibull ist bereits citirt worden, eben so die tanzenden Skelette aus dem Grabmal von Cumae. Auf einem kostbaren Achat bei Gori bläst ein Alter die Doppelflöte, zu deren Tönen ein Skelett tanzt. Wir erinnern uns hier aber, dass Skelette, wo sie bei den Alten vorkommen, Lemuren oder Todte, aber nicht den Tod vorstellten. Auf den Darstellungen des Mittelalters aber sehen wir den tanzenden Tod. Wollen wir sehr alten Anschauungen eine Einwirkung auf mittelalterliche Kunst zuerkennen, so müssten wir in unserem Falle eher zu den Tänzen der Elben, Gespenster, Feen oder Hexen zurückgreifen.

Man hat ferner den Ursprung der Todtentänze in der grossen moralischen Wirkung finden wollen, welche Pest, schwarzer Tod, verheerende Kriege in der zweiten Hälfte des 14. Jahrhunderts in den Gemüthern der erschreckten Menge hinterlassen haben. Bereits 1340 war eine grosse Sterblichkeit in Europa, gleich darauf kam von Asien über Afrika der schwarze Tod, welcher Hunderttausende hinraffte, dann Erdbeben, Hungersnoth, die Plage des Veitstanzes, die besonders in den Niederlanden wüthete. Diese schreckliche Zeit, in welcher der Tod eine so reiche Erndte hielt, konnte wohl die Darstellungen der Todtentänze fördern und vermehren, aber die erste bewegende Ursache derselben ist hier nicht zu suchen, denn der älteste bekannte Todtentanz in Klein-Basel datirt bereits von 1312.

Uns scheint Folgendes den wahren Ursprung dieser Kunstvorstellungen anzudeuten.

Der h. Augustin († 430) schreibt:

Erat gentilium ritus inter Christianos retentus ut diebus festis ballationes, id est cantilenas et saltationes exercerent.

Wir sehen, wie weit ins christliche Alterthum zurück die kirchlichen Festlichkeiten, welche aus Tanz, Musik und Vorstellung biblischer Histoiren bestanden, zurückgehen. Sie wurden als Mysterien in den Kirchen selbst neben dem Gottesdienst aufgeführt. Die Tänze, wahrscheinlich den Schluss der Agapen bildend, arteten bald aus und die Päpste mussten oft zu den schwersten Strafen greifen, um sie zu verhindern. Papst Zacharias verbot sie bereits 744; aber sie verschwanden dennoch nicht ganz, noch im 14. Jahrhundert kämpft Odo von Paris gegen dieselben; in Frankreich erhielten sie sich bis zum Anfang des 17. Jahrhunderts. Sie hatten sogar ein eigenes ausgebildetes Ritual. Die Bewohner von Limoges feierten das Fest ihres Apostels, des h. Martial, mit solchen Tänzen in der Kirche und am Ende eines jeden Psalmes wurde statt des üblichen: Gloria Patri — gerufen: H. Martial! bitte für uns und wir wollen für dich tanzen. Auch theatralische religiöse Vorstellungen waren in Mode und haben sich an einigen Orten bis auf unsere Zeit erhalten. Man stellte Scenen des alten und neuen Testamentes, besonders gern die Passionsgeschichte dar. Eine solche Vorstellung dauerte oft viele Tage. Ein dergleichen Passionsspiel hatte 164 Acte und 545 Acteurs waren dabei beschäftigt.

Wir wissen überdiess, dass es im frühen Mittelalter kirchliche Ceremonien gab, bei denen der Tod als Acteur auftrat und seine Rolle hatte. Auch diese Art von Todtenfeierlichkeiten mögen nicht erst in der Zeit entstanden sein, in der wir ihnen zum erstenmal in der Geschichte begegnen, sondern einem höheren Alterthum angehören. Es waren theils mimische Vorstellungen oder Ballete, bei denen eine Person den Sprecher, den Erklärer machte, theils Processionen, durch welche stets wechselnde Bilder an den Zuschauern vorübergeführt wurden. Die Form ihrer Anordnung finden wir im mittelalterlichen Kastenoder Ständesystem. Der Grundgedanke, den sie ausdrücken sollten, gipfelt in dem Satze: Vor dem einen Tode sind alle Stände, so verschieden sie auch hier im Leben erscheinen, gleich und werden auf dieselbe Art seine Beute. In Paris wurde eine solche Pantomime, wo der Tod als Acteur auftrat, in der Minoritenkirche im J. 1424 und am 10. Juli 1453 aufgeführt; die Geschichtsschreiber gaben ihr den Namen Dance Macabre. Einem ähnlichen Todtenfeste begegnen wir 1449 in Brügge.

Dass dergleichen Feierlichkeiten auch in Spanien gebräuchlich waren, ersehen wir aus Cervantes' unsterblichem Werke, der Geschichte des Don Quixote. Der Ritter von der traurigen Gestalt begegnet einmal einer Todtenprocession und ein Acteur sagt zu ihm: „Mein Herr! wir sind Acteurs der Brüderschaft des bösen Engels. Wir haben soeben zur Feier des Festes die Tragödie der verschiedenen Todtenstände aufgeführt. Der da ist der Tod, jener der Engel; diese Frau stellt die Königin vor, jener den Kaiser und da ist der Soldat, und ich, zu Diensten, bin der Teufel, eine der Hauptpersonen".

In Florenz veranstaltete der Maler Cosimo († 1531) eine Procession, bei welcher der Tod auf einem Wagen seinen Triumph durch die Strassen der Stadt hielt. Wir könnten noch mehr Beispiele anführen und es entsteht nur die Frage, ob solche öffentliche Schauspiele eine Ursache der Darstellung von Todtentänzen waren? Wenn sie älter sind, als die historischen Zeugnisse über sie, so ist es wahrscheinlich, dass sie dem Künstler den Impuls zu seinen Bildwerken gegeben haben, denn es ist natürlicher, dass das Bild eine Copie der Wirklichkeit war, als umgekehrt, dass diese Todtenfeste erst in Folge gemalter Todtentänze entstanden wären.

Es ist aber noch wahrscheinlicher, dass Beide, die theatralischen wie die bildlich dargestellten Todtentänze in einem und demselben gemeinschaftlichen Boden, dem Worte des Dichters und Predigers wurzeln. Wir besitzen mehrere Werke der Letzteren, die dem 12. und 13. Jahrhundert angehören und in denen wir den Text zur mimischen wie bildlichen Darstellung vorgezeichnet finden. Ich erwähne hier das Gedicht: Vers sur la Mort von Thibaud de Marly, das er in der Zurückgezogenheit des Cistercienser-Klosters Notre-Dame-du-Val verfasste und in dem er alle Stände durchgeht, die dem Tode zum Opfer fallen. Demselben (12.) Jahrhundert gehört Gautier de Mapes an, der die verschiedenen Stände in Klagen über die starre Herrschaft des Todes sich ergehen lässt. Hieher gehört auch „der Regenbogen" von Barthel Schmied und andere anonyme deutsche Gedichte, ferner „Danza general de la Muerte" vom jüdischen Rabbi Santo de Carrion. Neuere Werke gehören nicht mehr zur Beweisführung unserer Ansicht.

Populäre Prediger brachten in ihren lebhaften Reden gegen die Sittenlosigkeit der Welt auch kein geringes Material für unseren Gegenstand. Ihre „lucida Puncta", die Kraftstellen ihrer Predigten, wurden von Dichtern in Verse gebracht, die als kleine Epigramme in's Volk drangen, so manchem Sprüchwort das Leben gaben und den Künstler mit Stoff zu Darstellungen versahen. Ein solches Sprüchwort entstand im 13. Jahrhundert: Gegen den Tod hilft keine Appellation. Und diess ist eben der Grundton aller Todtentänze, bei denen dieser Gedanke per enumerationem partium durchgeführt und seine Richtigkeit bewiesen wird. Vom Papst bis zum Bettler, vom Greis bis zum Säugling, Alles verfällt dem Tode.

Es war für die Armen, Niedrigen, Presshaften gewiss erhebend und tröstend, zu sehen, dass im Punkte des Todes Päpste, Könige und Reiche nicht anders und nicht glimpflicher behandelt werden, als der Verachtetste des Menschengeschlechtes. Ueber dem Beinhause des Klein-Basler Todtentanzes hat man gelesen:

> Hie richt got noch dem rechten,
> die herren ligen Bi den knechten,
> nun merckel hie Bi,
> welger her oder knecht gewesen si.

Dass die bildlich dargestellten Todtentänze ohne allen Zweifel im Schatze der einschlagenden Literatur ihren Ursprung haben, lässt sich auch daraus, wie mir scheint, unwiderleglich beweisen, dass bei verschiedenen, durch Zeit und Raum von einander weit getrennten Todtentänzen die Reimzeilen auf denselben Ursprung zurückweisen, z. B. bei den beiden Basler und dem Lübecker Todtentanz.

Noch eine Bemerkung möge hier Platz finden; in den älteren bildlichen Todtentänzen ist von einem eigentlichen Tanze noch keine Rede. So in Klein-Basel. Der Tod führt einfach die einzelnen Personen hinweg. Auf seinem Nachbilde, dem Gross-Basler Gemälde, ist der Uebergang zum wirklichen Tanze bereits vollendet. Eine Vergleichung bei Maassmann „die Baseler Todtentänze" wo Abbildungen beider übereinander stehen, ist sehr instructiv. Man sieht, wie der Copist der Idee mit künstlerischer Freiheit dem Tode die tanzende Bewegung in die Gebeine legte.*)

Wie bildeten sich nun die alten „Choreae" oder Processionen zu einem Tanze aus? Zum Tanz gehört Musik. Verschiedene Instrumente spielt der Tod bereits auf dem Todtentanz in Klein-Basel. Vielleicht gab dieser Umstand dem Copisten die Idee, mit dem Ton des Instrumentes auch die Bewegung der Glieder in Einklang zu bringen. Hiermit war zugleich dem Humor das Thor geöffnet, dem derben altdeutschen Humor, der sich selbst auf dem düsteren Felde der Trauer gemächlich breit machte, indem er Tracht und

---

*) Auch im gewöhnlichen Leben hatte der Tanz später eine andere, lebendigere Form angenommen, die den Strengen jener Zeit als Ausgelassenheit und Schandlichkeit erschien. Während in früherer Zeit die Tanzenden (wie etwa beim Menuet) fast nur nach einem gewissen Tempo einherschritten (wie noch auf dem Blatt von Zasinger „der Ball", Bartsch 13, wahrzunehmen ist), artete die Bewegung später, gegen Ende des 15. Jahrhunderts aus, indem man mit Springen, Herumdrehen, sich Umfassen und mit Umarmungen den Tanz zu würzen suchte. Die Nürnberger Polizeiordnung hat in ihren Verboten einen besonderen Artikel: Von schändlichen Tänzen.

Geberden der Lebenden nachäffte. Man musste eben viele Todte gesehen haben und mit dem Sterben sehr vertraut geworden sein, dass man dem Schrecklichen sogar eine heitere Seite abgewinnen konnte.

Jac. Grimm erklärt den Ursprung der Verbindung eines Tanzes mit dem Tode also: „Der Tod wird als Bote gedacht. Boten zu sein pflegten im Alterthum Fiedler und Spielleute; es lag nahe, den Tod mit seinem Gesinde einen Reigen aufführen zu lassen." Das Sprüchwort: Nach des Todes Pfeife tanzen ist ein sehr altes, älter als die Todtentänze. Vielleicht hatte es seinen Ursprung in den oben erwähnten dichterischen Auszügen aus den populären Predigten. Hatte man dem Tode einmal ein Instrument gegeben, so ergab sich der Tanz von selbst.

Nun aber tritt an uns eine Frage heran, die wir uns erst beantworten müssen, bevor wir uns speciell mit den einzelnen Todtentänzen befassen. Wir finden in den Todtentänzen den Tod als abgemagerte Gestalt oder als wirkliches Skelett in Verbindung mit Lebenden; zu je einem Lebenden ein Todtengebilde; entweder wird ein Rundtanz aller Personen aufgeführt oder die einzelnen Pärchen erscheinen abgesondert. Die Lebenden sind einzelne Personen, verschiedenen Ständen angehörend. Jeder Stand ist gleichsam ein Passe-partout, in welchen man eine bestimmte Person, z. B. den jeweiligen Papst, den Kaiser Maximilian, den Maler des Bildes etc. einrahmen kann. Ist hier als Gegensatz einer lebenden eine todte Person beigesellt? Bedeuten die Gerippe todte Menschen oder sind sie eine Personification des Todes?

Kastner in seinem Werke: Les danses des morts, Paris 1852, behauptet das erstere und stützt sich auf den Sprachgebrauch. Man sagt Todtentänze, Tänze der Todten (mit den Lebenden), danses des morts. Aber dieser Sprachgebrauch entscheidet hier nichts, denn bereits im Anfang des 16. Jahrhunderts schrieb man ebenso: Imagines (icones) mortis, simulachres de la mort. Kastner meint, es fände sich hier kein Attribut vor, das auf den Tod als solchen hindeute. Aber muss es gerade ein Pfeil, eine Sense, eine Sanduhr sein? Ueberall sehen wir, wie das Skelett den Lebenden mit Gewalt fortreisst. Ein Todter, neben einem Lebenden als Gegensatz gedacht, schliesst eine solche unwiderstehliche, unerbittliche Gewalt aus: Der Todte hat kein Recht, keine Macht, den Lebenden zu zwingen, der Lebende hat keine Pflicht, dem Todten zu folgen. Nur der Tod als solcher hat die Gewalt, welchen, wenn auch widerwillig, die Lebenden weichen müssen. Welche Bedeutung hätten ferner die Instrumente in der Hand der Todten im Gegensatz zu den Lebenden?

Es liegt vielleicht in dieser Beziehung eine Schwierigkeit in dem Umstande, dass bei den Todtentänzen der Tod vervielfacht erscheint, da es doch im abstracten Sinne nur einen Tod gibt. Aber diese Vervielfachung einer Person ist ganz in der naiven Auffassung des Mittelalters begründet, die z. B. auch Geburt, Taufe, Kreuzigung und Auferstehung Christi auf einem Gemälde darstellte und so viermal dieselbe Person auf einer Darstellung wiederholte. Diese Vervielfachung des Todes auf einem Todtentanze ist der verschiedenen Stände wegen bewerkstelligt, um zu zeigen, wie derselbe als einzelne Person verschiedene Personen zwingen kann, mancherlei Tänze nach seiner Pfeife aufzuführen.

In der Schedel'schen Chronik von Nürnberg befindet sich S. 264 ein Holzschnitt, auf welchem zum Flötenspiel eines Gerippes drei andere tanzen und ein viertes aus dem Grabe steigt. Obwohl die Aufschrift des Blattes: „Imago mortis" lautet, so können wir nach dem Gesagten darin doch nicht einen Tanz des Todes sehen, der nur Lebenden aufspielt.

Hier ist also ein Todtentanz im Sinne Kastner's, ein Tanz der Todten, wie ihn dieselben nach der Meinung abergläubischer Menschen um Mitternacht, wenn die Geisterstunde geschlagen hat, aufführen. Eine gleiche Bedeutung haben die drei Gerippe in der Geschichte von den drei Lebenden und den drei Todten. Auch hier, wie sowohl die citirten Inschriften beweisen, sind es Todte, die in gleicher Zahl den Lebenden entgegengestellt werden, aber keineswegs der Tod.

VI.
TODTENTÄNZE AUF WANDBILDERN ODER ALS SCULPTUREN.

enn wir nun einen Ueberblick der verschiedenen Todtentänze zu geben uns bemühen wollen, so müssen wir vorher bemerken, dass wir nicht im Sinne haben, alle von der Geschichte erwähnten zu besprechen, sondern nur die hervorragendsten hier hervorzuheben uns vorgenommen haben. Von vielen ist ohnehin nichts mehr als der Ortsname, wo sie sich befunden haben, bekannt und die Existenz so manchen Todtentanzes sogar fraglich.

Um eine einfachere Uebersicht zu gewinnen, sollen die Todtentänze, welche als Wandgemälde oder Sculpturen ausgeführt worden sind, in chronologischer Folge vorangehen.

1. *Der auf der Wand im Kreuzgang des Klosters Klingenthal in Klein-Basel gemalte Todtentanz* vom J. 1312 ist der älteste bekannte. Er war bereits verschollen, als er 1766 wieder entdeckt wurde. Beim Bilde des Grafen ist die Jahreszahl unversehrt stehen geblieben: Dussent ior drihundert vnd XII. Mit einfachen aber strengen Linien sind die Bilder ausgeführt, entsprechend dem ernsten Gedanken, dass Jung und Alt, Hoch und Niedrig, Arm und Reich dem Tode folgen müssen. Das Bild ist überall der Interpret des Gedankens, der sich im Text der Verse ausspricht. Der Tod erscheint nicht als vollendetes Gerippe, sondern als abgezehrte,

vertrocknete Gestalt; nur der Kopf ist ein Todtenschädel. Die vollständige Bilderreihe besteht aus 40 Darstellungen; zuerst das Beinhaus, aus dem zwei Todte mit Flöte und Trommel heraustreten, um gleichsam als Musikanten dem Triumphe des Todes den Weg zu bahnen. Nach Analogie anderer älterer Todtentänze ging wahrscheinlich ein Prediger voran, der gleichsam die Verse zu jedem Pärchen ansagte. Der Tod greift jedes seiner Opfer bei der Hand, wie etwa ein Polizeimann den Missethäter, um ihm zuzurufen: Im Namen des Gesetzes, du bist mein! und dieses Gesetz ist unbeugsam und lässt keine Appellation an ein höheres Gericht zu. Eine Ausnahme macht der Waldbruder (Eremit), der gar nicht vor dem Tode erschrickt; ein feiner Zug des Künstlers. Den Sinn, der darin verborgen ist, haben wir bei Betrachtung des Bildes im Campo santo zu Pisa gewonnen. Auch bei der Edelfrau gebrauchet der Tod keine Gewalt; sie sieht in ihren Spiegel hinein und gewahrt darin neben ihrem holden Angesicht das Schreckliche des Todes. Eine solche Betrachtung mag mehr erschüttern, als selbst die Berührung der kalten Knochenhand. — Ein schöner Zug ist auch beim Kinde; der Tod sucht seine widerspruchslose Gewalt so sanft als möglich auszuüben, er neigt sich mit fast zärtlicher Bewegung zum Kinde und fasst es nur leicht am Arm. Aber seine Worte verrathen den Despoten:

> Kriuch her du muest ie tanzen lern.
> Wein oder lach, ich hör dich gern.
> Hietestu den bullen in dem munt,
> En hulfe dich niht an dirre stunt.

Wie naiv dagegen klingt die Klage des Kindes:

> O wê liebe muoter mîn,
> Ein swarzer man ziuht mich da hin.
> Wie willtu mich also verlân.
> Muoz ich tanzen und enkan niht gân.

(O cara mater — Me vir a te trahit ater. — Debeo saltare — Qui nunquam sciui meare.)

2. *Der Todtentanz auf dem Gottesacker des Minoriten-
klosters aux Innocents zu Paris;* Wandbild vom Jahr 1424
(von Lübke sogar in das Jahr 1380 verlegt) genannt: La
Dance Macabre. Man hat sich viel über eine Stelle im Journal
de Paris aus der Zeit Carls VI. und über ihre Bedeutung
gestritten. Sie lautet: „Item, l'an 1424 fut faite la Dance
maratre aux Innocens et fut commencée environ le moys
d'aoust et acheuee en karesme ensuivant." Ist hier von einem
von Lebenden aufgeführten oder von einem als Bild dargestellten Todtentanz die Rede? Vielleicht von beiden? So viel
ist gewiss, dass, wie bereits früher erwähnt wurde, eine kirchliche Feierlichkeit dieser Gattung in jenem Kloster wirklich
aufgeführt wurde; ein gemalter Todtentanz bestand aber auch.
Höchst wahrscheinlich haben die Mönche die mimische Vorstellung, welche auf das Volk intensiv eingewirkt haben mag,
in einer bildlichen Nachahmung fixiren und der Nachwelt auf-
bewahren wollen. Die Darstellung bestand aus einer ununter-
brochenen Reihe, je ein Paar unter einer Arcade stehend.
Das Kloster wurde am 10. November 1786 aufgehoben, die Bilder
aber gingen schon früher durch Unbill der Zeit und Nässe zu
Grunde. Wir besitzen aber alte xylographische Nachbildungen
davon, so dass wir uns eine Idee des Ganzen machen können.

Auch über den Namen dieses Todtentanzes wurde viel
gestritten und wurden oft die abenteuerlichsten Erklärungen
versucht. Es dürfte interessant sein, einige hier anzuführen.
Der Tanz wurde Macabre, Maratre, Macabrée, Machabrey,
Marcade, sogar Dance de Macchabées genannt.

a. *Macabre* soll ein deutscher Dichter gewesen sein, der
moralisirende Gedichte zu Todtentänzen machte. So lautet
der Titel der oben erwähnten xylographischen Nachbildungen
dieses Todtentanzes: Chorea ab eximio Macabro versibus
alemanicis edita etc. Es gibt viele Ausgaben: 1485. 1486. 1490.

In den verschiedenen Ausgaben kommen Varianten vor, einzelne enthalten nur die Pärchen mit Männern, wie 1485, 1490; spätere vereinen meist beide Geschlechter. Alte Ausgaben sind, besonders ausserhalb Frankreich, sehr selten zu finden. Es muss hier bemerkt werden, dass in der ganzen deutschen Literatur ein Dichter dieses Namens nicht vorkommt.

b. Douce führt diesen Todtentanz auf den Pariser Dichter *Marcade* (le docteur) zurück, welcher der Urheber der Verse wäre. Für dieselben hat man aber andererseits mit grösserer Wahrscheinlichkeit Jean Lefébure gehalten, welcher als Parlements-Advocat zur Zeit Carl's VI. in Paris lebte.

c. Man will das Wort von einem provençalischen Dichter des 14. Jahrhunderts, der *Marcabrus* hiess, ableiten. Aber der Stoff seiner Dichtungen hat mit unserem Gegenstande nichts gemein.

d. Das Wort soll von *Macheria* abstammen, was so viel wie mur, paries bedeutet; weil die ersten Todtentänze auf Mauern ausgeführt wurden.

e. Auch will man *Chorea Macrorum* lesen, so viel als la danse de maigres.

f. Nach Anderen soll es heissen: Chorea *Macchabaeorum* und müsste der Name aus der Bibel erklärt werden. Wie kommen aber die Macchabäer zu den Todtentänzen? Die Verbindung soll in den Worten, II. Macch. 12, 46 liegen: Sancta et salubris est cogitatio pro defunctis exorare, ut a peccatis solvantur. Da steht aber nichts von einem Tanze. Calmet leitet das Wort Macchabaeus von Maccabaiahu, Maccabaïah her, der im Namen des Herrn schlägt oder vertilgt. Man kann der Erklärung keineswegs eine Art Witz absprechen. Woltmann nimmt an, dass die mimischen Todtenfeste am Tage der sieben makkabäischen Brüder zuerst aufgeführt wurden. Nebenbei sei bemerkt, dass die Gebeine der makkabäischen Brüder 1164 aus Italien nach Cöln übertragen sein sollen.

g. Man dachte auch an den Einsiedler *Macharius*, den wir auf Orcagna's Bild in Pisa kennen gelernt haben.

h. Man wollte das Wort im Arabischen: *magbarah oder magabir*, was einen Gottesacker bedeutet, gefunden haben. Das Wort wäre demnach aus Arabien über Spanien durch die Mauren nach Frankreich gekommen, was immerhin eine gewisse Wahrscheinlichkeit für sich hat.

Wer kann auch jetzt nach Jahrhunderten beweisen, wie eine Benennung entstanden ist, wenn keine positiven historischen Documente vorliegen und des Namens Sinn in keiner prägnanten Verwandschaft zur Sache steht? Der Name Macabre ist der älteste, er kommt zuerst im citirten Werke 1485 vor. Die Franzosen wendeten ihn zur Bezeichnung des Pariser Todtentanzes, später überhaupt für Tänze dieser Art an.

3. *Ein Todtentanz vom J. 1430 war in der Arcade der alten Paulskirche von London.* Er scheint eine Nachbildung des vorigen gewesen zu sein, worauf auch seine Benennung, Danse de Machabrey hinweist. Die Bilder wurden am 10. April 1549 zerstört.

4. *Ein Todtentanz im Kloster Saint-Chapelle zu Dijon 1436.* Man schreibt ihn einem Künstler Maroncelli zu. Es hat sich keine Spur von ihm erhalten.

5. *Der berühmte Todtentanz in Gross-Basel*, 1436—1441. Man kann das Jahr nicht genau bestimmen. Maassmann hält das J. 1436 oder 1439 für die Zeit der Renovirung des Klingenthaler Todtentanzes und versetzt den Grossbasler in das J. 1480, in welchem die Nonnen aus Klingenthal vertrieben wurden und die Baseler Dominikaner[*]) es für geeignet

---

[*]) Es ist auffallend, dass man die Todtentänze sehr oft in den Klöstern der Dominikaner antrifft. Wahrscheinlich hat dieser Orden, auch der Prediger-Orden genannt, solche mimische und bildliche Darstellungen besonders begünstigt. Daraus erklärt sich auch bei den Todtentänzen die Figur des Predigers, die den Bildern vorangeht und gleichsam mit Wort und Bild die Predigt hält.

hielten, eine Uebertragung jenes berühmten Todtentanzes in ihr Kloster nach Gross-Basel zu veranstalten. Diess kann jedoch auch früher schon geschehen sein, da der frühere, weil in einem Nonnenkloster befindliche, dem grösseren Publikum unzugänglich war. Doch war, wie bereits erwähnt, der Gross-Basler Todtentanz keine getreue Copie, sondern eine freie Nachbildung des Klingenthalers. Einzelne Figuren sind, wie es die veränderten Zeitumstände mit sich brachten, durch andere ersetzt, der Tod erhielt eine freiere, tanzende Bewegung, der Schädel ist charakteristischer, manchmal (No. 3. 5. 24. 22.) noch mit spärlichem Haar und Bart besetzt, die Figuren sind künstlerischer gedacht, der Ausdruck in den Physiognomien motivirt und individualisirt. Der Tod erscheint als abgemagerte Gestalt, nur beim Doctor zeigt er sich, wie bereits erwähnt, als Gerippe.

Man hat früher diesen Todtentanz dem Maler Hans Holbein zuschreiben wollen, doch mit Unrecht. Neben künstlerischen Bedenken spricht dagegen, dass Holbein, 1497 geboren, erst 1520 in die Malerzunft zu Basel aufgenommen wurde.

Der „liebe Tod" zu Basel erfreute sich einer grossen Berühmtheit und ist ein Wahrzeichen der Stadt geworden. Er war an der langen, gegen die Strasse gelegenen Mauer des Kirchhofs beim Dominikaner-Kloster (jetzt französische Kirche) angebracht, so dass die Vorbeigehenden in der geschäftigen Eile ihrer weltlichen Angelegenheiten dadurch zur Betrachtung und zu ernsten Gedanken angeregt wurden.

Der Todtentanz musste oft erneuert werden, er ist auch öfters durch Holzschnitte und Kupferstiche weiteren Kreisen bekannt gemacht worden. So erschien er schon im 16. Jahrhundert in Holzschnitten, welche das Künstler-Monogramm C. S. tragen. Die Holzstöcke haben sich erhalten und wurden im J. 1870 bei A. Danz in Leipzig aufs Neue herausgegeben unter dem Titel: Der Todten-Tantz, wie derselbe in der weitberühmten Stadt Basel zu sehen ist. (41 Bl. nebst Abbildung „Der Predigern Kirchhoff zu Basel Anno 1576".) Die älteste gedruckte Wiedergabe in Stichen ist von J. J. Merian 1621 in vier Auflagen, von M. Merian 1649—1733 in neun Auflagen wiederholt herausgegeben. Bei Maassmann ist er mit dem Klingenthaler zusammengestellt. Beim Vergleich beider fällt beim Gross-Basler auf: No. 6 beim Cardinal, wo der Tod auch einen Cardinals-Hut trägt; No. 12 beim Ritter, wo er einen Panzer, No. 30 beim Narren, wo er eine Schellenkappe trägt; No. 19 beim Krämer legt er einen Todtenschädel in die Wagschaale; No. 21, den Lahmen äfft er durch einen nachgemachten Stelzfuss; No. 22 beim Einsiedler hält er eine Laterne mit ausgelöschtem Licht; No. 32, dem Blinden schneidet er die Schnur durch, an welcher dieser vom Hunde geführt wird, so dass der Arme jetzt nothwendig in die Grube fallen muss. Statt des Klingenthaler Kindes (No. 38) bringt er die Mutter mit dem Kinde, welches sich ängstlich an jene schmiegt; sie trägt die Wiege, die sich so bald zum Todtenschrein umwandeln soll.

Da der Todtentanz 1568 sehr verblichen war, wurde er auf Anordnung des Magistrats von dem damaligen Bürger und Maler Hans Hugo Klueber oder Klauber († 1578) aufgefrischt; wie er am Anfang des Todtentanzes zum Beinhaus den Reformator Oecolampadius hinzufügte, so hat er auch die letzte Gruppe mit dem Kind abgeändert. Er malte nämlich sich selbst mit Palette und Pinsel ab, wie ihn der bekränzte Tod abholt, während ein kleineres Skelett die Farben reibt. Der Tod spricht:

    Hans Hug Klauber las; Malen stohn,
    Wir wöllen auch jetzmals dar von. —
    Dein Kunst, Müh, Arbeit hilft dich nit,
    Wann es geht dir wie ander Lüt:
    Hast du schon grewlich g'macht mein Leib,
    Wirst auch so g'stallt mit Kindt vnd Weib.

Der Maler aber tröstet sich:

> Verhoff doch mein Gedechtnus; bleibt
> So lang man dies; werck haltet schon.

Das Werk ist nun freilich verschwunden. Es war der falschen Aufklärerei des beginnenden gegenwärtigen Jahrhunderts vorbehalten, in wenig Stunden ein Werk zu vernichten, das ein so hohes culturhistorisches Interesse erweckte. Der Rath fasste 1805 die Sache anders auf; „der Tod war ein Kinderschreck, eine Leutescheuche" und befahl aus falscher Schonung der Nerven seiner Mitbürger in der Nacht vom 6. auf den 7. August die Bilder von der Wand herabzuschlagen. Die Bürger nahmen diese unverständige Fürsorge ihrer Räthe gar übel auf, es entstand in Folge dessen ein ordentlicher Aufstand. Freunde der Kunst und der Stadt haben dann die Ueberbleibsel, Köpfe, Bruchstücke gesammelt und diese werden jetzt zum grössten Theil in der Universitätsbibliothek zu Basel aufbewahrt. Dem Restaurator Klauber soll aber trotzdem eine ehrenvolle Erinnerung gewahrt bleiben.

6. *Ein Todtentanz ist auch in Strassburg* vom J. 1450 im ehemaligen Dominikanerkloster. Strassburg war von den verheerenden Epidemien nicht wenig mitgenommen worden; Grund genug, dem allgewaltigen Triumphator auch hier ein Monument zu setzen. Der Todtentanz war lange gänzlich verschollen, bis er 1824 wieder entdeckt wurde. Die Kirche gehört jetzt den Protestanten und heisst die neue Kirche. Edel, Pastor bei derselben, veröffentlichte 1825 ein Werk über diese Kirche und gab auf 7 lithogr. Tafeln eine Abbildung des Todtentanzes, den man dem M. Schongauer zuschreiben will. Die Figuren sind überlebensgross, die einzelnen Gruppen durch Säulchen getrennt und überwölbt.

7. *Der Todtentanz in der Todtenkapelle der Marienkirche von Lübeck* vom J. 1463; er wurde oft erneuert. Die

ursprünglichen naiven Inschriften in niederdeutscher Mundart mussten leider den hochdeutschen eines Nath. Schlott weichen. Das Bild selbst ist glücklicher Weise als kostbares Monument noch erhalten. Die Rundung der Kapelle gab Anlass, dass der Tanz nicht in Gruppen auftritt, sondern als ein Rundtanz, als eine Vereinigung aller Paare zu einem Kreise erscheint. Es gibt eine Ausgabe mit Abbildungen bereits vom J. 1496 und 1520. Vollständig ist er 1783 von L. Stuhl publicirt.

8. *Der Todtentanz an der Wand der Thurmhalle in der Marienkirche zu Berlin* 1470—1490. Er war längere Zeit unauffindbar, so dass dessen Existenz bezweifelt wurde; im Herbst 1860 hat man ihn endlich entdeckt. Der Todtentanz ist ein einziges Wandbild, das in der Mitte durch Christum am Kreuz, zu dessen Seiten Maria und Johannes stehen, unterbrochen wird. Der Tod erscheint als dürre Gestalt mit nacktem Schädel. Den Musikanten, der den Reigen aufspielt, scheint der Künstler als Teufel mit Vogelfüssen aufgefasst zu haben. Im ganzen Todtentanz ist nur eine weibliche Figur, die Kaiserin. Er ist, besonders was den Text anbelangt, mit dem Lübecker verwandt. Herausgegeben von Dr. W. Lübke 1861.

9. *Der Todtentanz in der Abteikirche La Chaise-Dieu* in der Auvergne aus dem Ende des 15. Jahrhunderts, in der Neuzeit wieder aufgefunden. Wie beim Lübecker bildet auch hier der Todtentanz nicht einzelne Gruppen, sondern einen gemeinschaftlichen Rundtanz. Der Tod erscheint nicht als Skelett. Zuerst treten Adam und Eva auf, dann folgt der Doctor und der Prediger, welcher letztere am Schlusse wiederkehrt. Beim Kinde, das in Windeln auf der Erde liegt, macht der Tod eine Wendung, als ob er eine Fliege fangen wollte. Beschrieben und abgebildet in: Achille Jubinal, Explication de la danse des morts de la Chaise-Dieu. Paris 1841.

10. *Der Todtentanz im Dominikanerkloster zu Bern* 1515—1520, berühmt durch den Künstler, der ihn gemalt hat. Dieser heisst Nicolaus Manuel (Deutsch), ein universelles Genie, wie Michel-Angelo. Ein Zeitgenosse Holbein's, war er Maler, Dichter, Staatsmann und Reformator zugleich. Er hielt sich in der Anordnung der Gruppen an den Basler, dem er auch die Inschriften entlehnte. Wo es nur angeht, zieht er gegen das Unwesen, das zu seiner Zeit sich in die geistlichen Stände und Orden eingenistet hatte, zu Felde. Der Todtentanz ist bereits 1660 zu Grunde gegangen. Huldreich Fröhlich gab ihn im Jahre 1588 in Holzschnitt heraus.

11. *Der Todtentanz im Dresdner Schlosse 1534.* Sculptur an der Façade des Schlosses, das sich Kurfürst Georg erbaut hatte. Er enthält 27, zum Theil historische Persönlichkeiten jener Zeit, wie: Carl V., Ferdinand I., Georg den Bärtigen etc. Im J. 1721 wurde er auf den Gottesacker der Neustadt zu Dresden übertragen. Abgebildet in Ant. Weck, Beschreibung von Dresden; auch als Basrelief-Fries von T. Langer gestochen.

12. *Bei den Dominikanern in Constanz* war ein gemalter Todtentanz aus der Mitte des 16. Jahrhunderts, der den Holbein'schen Holzschnitten nachgebildet war.

13. *In Chéring* (Depart. du Nord) ist ein Todtentanz von acht Gruppen auf einer Glocke sichtbar.

14. *In Luzern sind drei Todtentänze*, der eine auf der Mühlenbrücke von Casp. Meylinger gemalt; ein zweiter dem Gross-Basler nachgebildet; der dritte aus dem 17. Jahrhundert ist eine Nachahmung Holbein'scher Compositionen.

15. *Einer der jüngsten*, aus dem Ende des 18. Jahrhunderts, ist der Todtentanz, den Graf Spork im Hospitale *zu Kukusbad* in Böhmen malen liess. Mich. Rentz hat ihn in Kupfer gestochen und mit schwülstigen Betrachtungen über die vier letzten Dinge herausgegeben.

Man nennt noch viele andere Städte, welche Todtentänze besessen haben sollen; sie sind entweder ganz spurlos verschwunden oder ihre Existenz ist überhaupt sehr fraglich. Unter diesen Städten finden wir Erfurt, Leipzig, Nürnberg, Wien, Gandersheim, Fuessen, Amiens, Angers, Besançon. Von den Todtentänzen dieser Städte selbst hat man bis heute keine Spur.

VII.

HANDZEICHNUNGEN UND KUNSTDRUCKE MIT TODTENTÄNZEN.

ie ältesten Manuscripte mit Todtentänzen, die wir besitzen, schliessen sich den gemalten Basler Todtentänzen an, und haben mit ihnen auch gleichen Text, was zu beweisen scheint, dass sie durch dieselben angeregt und beeinflusst wurden. Nur einzelne Variationen in Nebensachen sind bemerkbar, die Grundidee bleibt dieselbe. Sie gehören der Zeit von 1443—1447 an, doch können sie auch Nachbildungen älterer Manuscripte des 14. Jahrhunderts sein.

Vier dieser Manuscripte bewahrt die Münchener und zwei die Heidelberger Bibliothek. Die Abbildungen zum geschriebenen Text sind in Holz geschnitten. Eine Folge der Heidelberger Holzschnitte hat Maassmann als Anhang zu seinen Basler Todtentänzen copiren lassen. Die Formen sind roh, doch nicht ohne Ausdruck und Bewegung. Der Doctor lässt den Arzneibecher fallen und sagt:

   Ich habe mpt mepnem harnschawen
   Gesund gemacht man vnd frawen.
   Wer wil nw machen mich gesund?
   Ich byn eju deme tode wund.

Der Apotheker erscheint als neue Figur und sagt:

   Ich kunde sprop vnd confect machen
   Electuaria vnd vil ander sachen.
   Wer nw erne epns gut vor den tot,
   So wer mir eju dezer stunden not.·

Die Pariser National-Bibliothek bewahrt mehrere kostbare, mit herrlichen Miniaturen geschmückte Manuscripte dieser Art.

Zu den ersten im Druck erschienenen Werken dieser Gattung gehört: „De doten dantz mit figuren, Klage vnd antwort schon von allen staten der welt." 42 Holzschnitte auf 22 Blättern, kl. Fol. Die erste Ausgabe erschien 1459 in München, eine spätere 1485 in Strassburg.

Vom ersten gedruckten französischen Todtentanz 1485 (danse Macabre) haben wir bereits früher gesprochen.

Wir wollen uns nun mit dem Hauptwerk, dem weltberühmten Todtentanz in Holzschnitt von *H. Holbein* beschäftigen. In demselben ist die Idee, die den Todtentänzen zu Grunde liegt, so zu sagen auf dem Culminationspunkte künstlerischer Vollendung angelangt. Unzählige Copien und variirende Nachbildungen gingen von diesem Werke aus, die nie das Original erreichten, geschweige übertrafen und endlich immer mehr der Gespreiztheit, dem Manierismus verfielen. Als Phasen des herrschenden Zeitgeistes machen sie jedoch mit Recht Anspruch auf einen gewissen Grad von Berücksichtigung, der ihnen auch später werden soll.

Wir lassen hier den Streit der Kunstgelehrten, ob Holbein seine Compositionen auch selbst in Holz geschnitten habe oder durch den tüchtigen Formstecher Lützelburger ausführen liess, auf sich beruhen, glauben aber, dass Holbein einen directen Einfluss auf die Ausführung gehabt habe, da wir von einem noch so gewandten Handwerker nicht erwarten können, dass er ein so exacter Dolmetscher der feinsten Nuancirungen Holbein'scher Zeichnung und Individualisirung werde gewesen sein, wie wir sie an den kleinen miniaturartigen Holzschnitten bewundern. Zunächst fällt an den Holbein'schen Compositionen die Originalität der Auffassung auf. Zwar hält er die ursprüngliche Idee, wie die Vorgänger seines Todtentanzes sie darstellen, fest; zwar gibt er sich den Anschein, den alten Grundton intoniren zu wollen, aber er entlockt ihm, originell und mit Kunstmeisterschaft variirend, ganz neue Symphonien, dem Dichter Goethe gleich, der auf einem anderen Gebiete das Märchen von Faust unter seiner Meisterhand zu einem klassischen Drama umwandelte.

Holbein behielt von den Basler Todtentänzen, die ihm zunächst wohl bekannt sein mussten, die Gliederung nach Ständen; aber jede einzelne Scene wird bei ihm zu einer abgeschlossenen Composition, voll reicher Ideen und Formen auf diesen kleinen Flächen.

Der Künstler schickt auf vier Blättern die Ouverture voraus: die Erschaffung des Menschen, den Sündenfall, die Vertreibung aus dem Paradiese in Begleitung des Todes und die mühevolle Arbeit des Menschen. Nun beginnt bei der

Todtenkapelle ein fürchterlicher Introitus. Eine schmetternde
Fanfare kündigt den gewaltigen Sieger an. Wie streckt sich
das Skelett, um die wenige Luft, die sein schmaler Brustkorb
enthält, mit aller Gewalt in die Trompete zu blasen, wie greulich
schlägt der andere Knochenmann auf die Pauken los!
Dann kommen die verschiedenen Stände, welche, wie gewöhnlich,
mit dem Papst anfangen. Jede Composition ist originell
und stellt meistentheils keinen eigentlichen Tanz, sondern ein

Eingreifen des Todes in die charakteristische Thätigkeit der
Einzelnen dar. Dem König schenkt er in einen Pokal den
Todestrunk ein; der stolzen Kaiserin zeigt er das tiefe Grab;
die Königin reisst er als Hofnarr mit sich fort; dem feisten
Abte hat er Mitra und Pedum weggenommen und kümmert
sich wenig darum, dass dieser einen Folianten (die heil. Schrift)
ihm auf den Schädel werfen will. Den Chorherrn (Thumherr)
begleitet er in den Chor. Ecce appropinquat hora, lautet
der Bibeltext zum Bilde, und war der Chorherr pünktlich im

Chorbesuch, so versäumt der Tod auch seinerseits die Zeit nicht. Dem Richter zieht er den Richterstab in dem Augenblick hinweg, in welchem sich dieser vom Reichen bestechen lässt. Wie höhnisch lacht er den Rathsherrn aus, dem der Teufel bereits im Nacken sitzt, weil er dem Armen kein Gehör geben will. Der Nonne löscht er das Licht aus, während diese beim Altare zu beten scheint und dabei nach dem jungen Manne herüberschielt. Dem Astronomen, der das Weltall betrachtet, reicht er einen Schädel wie einen Globus dar. Dem Arzt hält er das Uringlas vor: Medice, cura te ipsum, lautet die Aufschrift. Dem Wucherer packt er das Geld zusammen und versetzt ihm damit den empfindlichsten Schlag. Den Kaufmann holt er in dem Augenblicke, wo dieser seine Waare sicher in den Hafen brachte; dem Schiffer auf dem Meer bricht er den Mastbaum entzwei; den Kärner überfällt er als Wegelagerer. Die demokratische Gesinnung jener Zeit hat der Künstler unverholen gezeigt; mit den Mächtigen springt er unbarmherzig um, während er sich der Bedrückten erbarmt. Den Ritter durchbohrt der Tod mit der Lanze, den Grafen schlägt er in der Tracht eines Bauern mit dessen Wappenschilde, der Gräfin reicht er eine Halskette von Menschenknochen, der Herzogin zieht er im Schlaf die Decke vom Leibe hinweg, dagegen geht er dem Pfarrherrn bei einem Versehgang als Ministrant mit Glocke und Laterne voran und spielt dem Greise knapp am Rande des Grabes auf der Mandoline vor. Den Schluss bildet das jüngste Gericht und das Wappen des Todes.

Diese Folge ist in sehr vielen Auflagen erschienen. Will man die Schönheit des Werkes recht geniessen, so muss man eine der ersten in Lyon erschienenen Ausgaben zur Hand nehmen. Am schönsten und den feinsten Federzeichnungen ähnlich sind die Probedrücke, die wahrscheinlich 1530 in Basel gedruckt wurden. Sie gehören zu den grössten Seltenheiten öffentlicher Cabinette. Die erste Ausgabe mit französischem Text erschien bei Treschel in Lyon. Man zählt gegen 26 Ausgaben der Original-Holzstöcke, die letzte noch 1796. Später wurden diesen Ausgaben einige Blätter hinzugefügt, welche den Tod in Verbindung mit liederlichen Personen, dem Trinker, Spieler, Dieb und Narren bringen. Vielleicht hinterliess Holbein, wie Woltmann glaubt, Zeichnungen, die später in Holz geschnitten wurden, denn sie tragen Holbein's Charakter an sich. Den Schnitt des Werkes hat Lützelburger ausgeführt, doch dürften auch noch andere Holzschneider dabei thätig gewesen sein.

Der Holbein'sche Todtentanz wurde oft in Holz und auf Kupfer copirt, einmal sogar (1833) lithographirt. Mit diesen Nachstichen zählt man 106 Ausgaben. Man sieht, wie der Gegenstand beliebt war. Die 1647 von Hollar copirte Folge ist sehr geschätzt, aber complet sehr selten zu finden.

Nebenbei sei erwähnt, dass Holbein auch ein Initialen-Alphabet mit einem Todtentanz gezeichnet hat, das auch von Lützelburger in Holz geschnitten wurde. Die Folge desselben befindet sich im Dresdener Kupferstichcabinet und ist von H. Lödel trefflich copirt worden. Einzelne dieser Initialen stehen am Anfang der Capitel dieses Werkes.

Ausserdem gibt es auch viele *Nachahmer Holbeins*. Diese haben zuweilen die Zahl der Stände verändert, manche von Holbein angeführte ausgeschieden und dafür andere hinzugefügt, wie sie dem Orte und der Zeit der Herausgabe entsprachen. H. Aldegrever hat acht Blätter zu einem Todtentanz ganz im Geiste Holbein's gestochen. Die Folge war gewiss auf eine grössere Anzahl von Darstellungen berechnet. Im Berliner Cabinet wird ein Todtentanz in Holzschnitt in 24 Bl. aufbewahrt, der ebenfalls ganz im Geiste Holbein's gezeichnet und ausgeführt ist und dem Anfang des 16. Jahrhunderts angehört. Auf

dem ersten Blatte mit dem Trompeter und Pauker heisst es:
> Her, her, her, her an disen Tantz
> Damit der Toten rhen werdt gantz

Auf Blatt 16 steht der Tod mit der Kerze (Anspielung auf die Lampe der klugen Jungfrauen) neben der ehrbaren Frau:
> Weipliche zucht vnd erberkept
> Scheuch nicht des Todes grausamkeit.

Auf Blatt 17 greift der Knochenmann dem Freudenmädchen unter den Kittel.
> Vil minder das vnkeusche wesen
> Mag vor des Todtes gewalt genesen.

Zu den Kartenspielern kommt der Tod mit dem Teufel zugleich:
> Gleich wie das spieln fressen sauffen
> Nicht kan des Todtes gwalt entlauffen.

Von *M. A. Hannas* gibt es einen Todtentanz, der in Holz zwar grob geschnitten ist, aber viel Ausdruck besitzt. Er ist fast unbekannt; in Berlin sind 12 Bl. vorhanden (No. 5—16).

Im italienischen Werke: Discorsi mortali, Venet. 1609, ist der Todtentanz mit den Augen eines Venetianers aufgefasst; der Tod führt die Gondel oder er lauert als Fischer unter dem Ponte dei sospiri!

Im Todtentanz, den *Rud. Meyer* 1650 zu Zürich radirte und der jedenfalls unter dem Einfluss des Holbein'schen Geistes steht, sagt der Wirth:
> Mit Speise Trank herberg wartet' ich
> Um gelt der Gästen ämsigklich.
> Ohn gelt der Tod mir wartet ab
> Mir herberg zeigt in dunklem Grab.

Auf zwei Liebende schiesst der Tod seinen Pfeil ab, während Amor erschrocken davonfliegt. Auch Quacksalber, Juden und Wucherer kommen schlecht weg.

Im Todtentanz des *Berliner Museums* (Zeichnungen in einem Manuscript) kommt ein monachus bonus (in magerer Figur) und ein monachus malus (sehr feist) vor. Vor dem

Wirthshaus sitzt der Wirth und reicht dem vorbeireisenden Tode einen Labetrunk dar. Zum Dieb sagt der Tod: O du diebischer Dieb!

Einer Copie des Holbein'schen Todtentanzes, die in Kupfer in Laibach 1682 erschienen ist, wurde ein Anhang mit merkwürdigen Todesarten beigefügt, so z. B. Aeschylus und die Schildkröte, Regulus im Fass, Hatto im Mäusethurm; die Vestalin Oppia ist bis zum Kopfe in der Erde vergraben.

Einen spanischen Todtentanz: El espejo de la muerte, 1700, kann ich in unsere Folgen nicht in Betracht ziehen. Bei jedem Sterbenden erscheint ein Engel und ein Teufel, welche um die Seele des Scheidenden kämpfen. Der erstere ist hier der Gegensatz zum Teufel und keine Personification des Todes. Die Compositionen erinnern an Romeyn de Hooghe. Dieselben Platten wurden später im Werke: Sterben und Leben, mit Text von Abraham à S. Clara, Amsterd. 1702 benutzt. (Eine spätere Ausgabe erschien in Wien 1741.)

Im J. 1726 erschien in Amsterdam ein *holländischer Todtentanz*: Het Schouw-toneel des doods. Unter den Abbildungen sind viele localer Art; so kommt der Windmüller, der Bajazzo, der Schlittschuhläufer vor.

Freund Heins Erscheinungen in Holbein's (sic!) Manier, von J. R. Schellenberg, Winterthur 1785. Die Compositionen haben mit Holbein nicht das Geringste zu thun und sind ganz aus der damaligen Zeitrichtung hervorgegangen, wie auch der Text sich streng an die Zeit hält. Da kommt auch der Selbstmörder vor; der Tod erscheint als Lord im Toilettenzimmer des Fräuleins, dessen Liebe er auf dem gestrigen Ball gewonnen; der Aeronautiker fällt aus dem Luftballon herunter; bei einem vom Dandy sehnsüchtig herbeigewünschten Rendez-vous erscheint der Tod als modisch gekleidetes Fräulein; dem Wickelkinde gibt er den Brei; dem Wucherer, der eben seine Geldtruhe untersuchen wollte, schlägt er mit Gewalt den Deckel über den Rücken zusammen und setzt sich darauf; dem Stubengelehrten wirft er das Gestell mit allen Folianten auf den Kopf und begräbt ihn mit der ganzen Gelehrsamkeit; den Equilibristen zieht er als Bajazzo beim Fuss hinab; Berthold Schwarz fliegt mit dem Pulver in die Luft; über ein im Gebüsch sich umarmendes Liebespaar wirft er sein Netz aus, wie Vulcan über Venus und Mars.

Auch *Dan. Chodowiecki* hat einen Todtentanz für den Lüneburger Kalender 1792 auf 12 Blättern componirt. Die Künstler waren bemüht, dem inhaltreichen Thema immer neue Seiten abzugewinnen. Beim commandirenden General erscheint er als Todtenhusar (mit dem Todtenkopf auf dem Kalpak, ein Pferdeskelett reitend; das Freudenmädchen peitscht er durch, während die Freier davonlaufen; ein grobes Fischweib greift er noch gröber an; die Schildwache löst er ab.

Unserem Jahrhundert gehört an: Bilder des Todes oder Todtentanz für alle Stände; schöne Holzschnitte von J. G. Flegel nach D. Merkel's Zeichnungen.

Im Jahre 1848 erschien ein Todtentanz in 6 Blättern, in Holzschnitt ausgeführt, unter dem Titel: *Auch ein Todtentanz*, v. Alfred Rethel. Der alte Gedanke ist auf das politische Gebiet übertragen und der Tod feiert seine Triumphe auf den Barrikaden und in den socialen Kämpfen der Zeit.

Bald nach diesem erschien in München ein ähnlicher in sechs lithogr. Blättern unter dem Titel: Noch ein Todtentanz, in gleichem Format wie der Vorige. Der Tod als Blusenmann predigt die Revolution, ermuthigt als Jesuit die Fürsten, in das Volk schiessen zu lassen, feiert auf der Barrikade seine Triumphe und wird endlich von der allegorischen Gestalt der Freiheit gedemüthigt.

Von neuen Erscheinungen auf diesem Gebiete nennen wir noch: Die sieben Todsünden von Ed. Ille, acht Blatt mit Titel; Holzschnitte in Folio. (Stuttgart, 1861.) Der Tod erscheint als Rächer der Todsünden. Der Gedanke ist vortrefflich, leider neigen sich mehrere Blätter zu viel der Carricatur zu, besonders das Blatt mit der Völlerei. — Todtentanz in Bildern und Sprüchen von Fr. Pocci. Zwölf Bl. in Holzschnitt in 4. (München, 1862.) Einzelne gute Gedanken. Als altes, im Walde Holz lesendes Weib zeigt er einem Jungen die giftigen Beeren, „so zuckersüss!", als Schiffer rudert er ein glückliches Liebespaar in den Sturm hinein, als tiroler Gebirgsführer bringt er den Touristen zum Fall. — Besonders rühmend ist zu erwähnen: Die Arbeit des Todes, ein Todtentanz von Ferd. Barth. 25 Holzschnitte in Rundungen in 4. (München, 1867.) Es ist hier sehr viel Neues in guten Zeichnungen verwerthet. Das Kind hat er so recht vorsorglich aus der Wiege gehoben und lullt es in den ewigen Schlaf ein. Ein junges kräftiges Weib sträubt sich gewaltig gegen seine Umarmung, die blinde Alte hingegen, mit einem Fuss im Grab, folgt ihm willig. Im Donnerwetter hält er Wacht am Baum — da schlägt es ja zuerst ein. Auch dem Locomotivführer auf dem Tender wird er zugesellt; dann macht er am Ofen die Klappe zu und sein Opfer erstickt in Rauch. Den Reiter führt er mit einem Irrlicht in den Sumpf hinein, ladet als Schiffsherr die Auswanderer auf sein leckes Schiff, gibt dem Studenten als Cigarrenhändler ein schlechtes Kraut. Der vom Tanz erhitzten Dame, die auf den Balcon hinaustritt, fächelt er mit seinem Ballfächer tödtliche Luft zu. Als Wirth zapft er schlechtes Getränk ab, im Kerker kommt er den Häschern zuvor, welche erscheinen, um den Gefangenen zur Guillotine abzuführen. Bei einem Selbstmörder sieht man ihn athemlos heraneilen, doch kommt er zu spät. Gelungen ist die Schlüss-

vignette. Der Tod sitzt müde von der Arbeit. Die Verse lauten hier:
> Ganz ohn' Arbeit und ohne Plag',
> Das kommt wohl erst am jüngsten Tag!

Zu den jüngsten Erscheinungen auf unserem Gebiete gehören die vier Compositionen *W. v. Kaulbach's.*

Erstes Blatt: Der Papst (ist wohl Pius IX?), der Tod als Narr, ein zweiter als evangelischer Prediger klopft an die Pforte (sic!) —

Zweites Blatt: Der Tod im Cardinalskleid setzt dem Sohn Napoleon's I. die italienische Krone auf.

Drittes Blatt: Der beflügelte Tod treibt die Köpfe eines katholischen und eines protestantischen Geistlichen hart an einander.

Viertes Blatt: Der Tod nimmt voll Erbarmen und sehr artig dem Humboldt den Kosmos vom Rücken und zeigt ihm das Grab.

Alle vier Compositionen sind gänzlich verfehlt; sie haschen in ihrer äusseren Form nach klassischer Vollendung und bieten in ihrem Inhalt nichts als unverstandene, unmotivirte Carricatur. Einen Witz (das sollen wohl die vier Blätter sein?) kann man füglich nicht logisch zergliedern und so wollen wir lieber mit Stillschweigen darüber hinweggehen.

Wir müssen in die Reihe der Todtentänze noch eine Folge aufnehmen, die ihrem Zwecke nach nur als illustrative Bordüre zum Texte diente, aber denselben Grundgedanken, den wir bei allen Todtentänzen gefunden haben, in gleicher Form zur Geltung brachte. In der zweiten Hälfte des 15. Jahrhunderts wurden in Frankreich viele meist glänzend ausgestattete Gebetbücher, die sogenannten Horae oder Heures herausgegeben. Viele sind auf Pergament mit einem prachtvollen Tuschton gedruckt und mit den reichsten und mannigfaltigsten Randleisten, Arabesken und miniaturartig in Metallschnitt oder mit Punze ausgeführten Bildern verziert. Man hat bald angefangen, neben biblischen und Heiligen-Darstellungen auch ganze Folgen eines Todtentanzes anzubringen. Man muss bei der Kleinheit der Bilder über die gelungene Charakteristik und Freiheit der Darstellung staunen. Besonders geschätzt sind die ältesten Werke dieser Art, welche in der Officin von Simon Vostre 1484 — 1520 in Paris erschienen sind. Gesucht werden auch die von J. Poitevin 1503, von Thielman Kerver 1505 und G. Godard 1510.

Die zuerst erwähnten, welche S. Vostre bei seinen Heures benutzte, bilden eine Folge von 66 Blättern und zieren als Randbilder das Officium defunctorum. Der Zeichner war gewiss von den Compositionen des Dance Macabre beeinflusst. Die Zahl der Stände ist erweitert. Wir finden unter den Männern den Minstrel, den Verliebten, unter den Frauen die Wittwe, die Amme, die alte Jungfer, das Kammermädchen, die schwangere Frau, die Hexe, die Betschwester u. s. w. Langlois hat in seinem Werke eine Copie der ganzen Folge gegeben.

Schliesslich sei hier noch erwähnt, dass Kastner in seinem früher citirten Werke über die Todtentänze die Musik-Instrumente, welche der Tod auf verschiedenen Todtentänzen führt, eingehend bespricht.

VIII.
DARSTELLUNGEN DES TODES AUF EINZELNEN KUNSTWERKEN.

Ausser den zu Folgen vereinigten Todtentänzen besitzen wir auch sehr viele Einzeldarstellungen. Die Künstler hatten nicht immer Zeit, Lust und Ausdauer, eine ganze Folge durchzuführen. Wie sich eben die Gelegenheit darbot, wählten sie aus dem reichen Material eine Episode, einen einzelnen Zug heraus, und stellten ihn in künstlerischer Form dar. Auch diese Einzeldarstellungen bieten eine Stoffbereicherung zur Iconographie des Todes und wir dürfen nicht mit Stillschweigen an ihnen vorübergehen.

Wir wollen hier nach den verschiedenen Kunstschulen Umschau halten und das Interessanteste notiren.

Deutsche Schule. Auch hier begegnen wir wieder dem Holbein, der uns eine geniale Zeichnung zum Schmuck einer Dolchscheide hinterlassen hat. Die getuschte Federzeichnung, etzt im Beuth-Schinkel-Museum zu Berlin, stellt einen Todtentanz von sechs Paaren vor, die eine Kette bilden. Es ist zum Staunen, wie viel Wahrheit, Leben und Bewegung er auf dem kleinen Raume mit so geringen Mitteln ausgedrückt hat.

Albrecht Dürer hat eine Federzeichnung zu einem Todtentanze gefertigt; ein Bischof im Messornat wird von zwei Leviten und dem Tode begleitet. 1514. Eine lithogr. Nachbildung findet sich in: G. Vallardi, Trionfo e danza della morte. Milano. 1859.

Derselbe Künstler hat uns auch in seinen Stichen Abbildungen des Todes hinterlassen. Auf dem Blatte, das betitelt ist: der Spaziergang, lauert der Tod dem lustwandelnden Pärchen hinter dem Baume auf. Hierher gehört auch der berühmte Kupferstich: Ritter, Tod und Teufel. Man hat diverse Erklärungen des Sinnes, den der Künstler in das Blatt legen wollte, versucht. Ob sich der edle Ritter ohne Furcht und Tadel vor seinen Begleitern fürchtet oder nicht, bleibt sich gleich, der Tod bekommt ihn doch unter; ob auch der andere finstere hässliche Gesell, ist natürlich erst die Frage. Auch das Wappen mit dem Todtenkopf und das Blatt „der Gewaltthätige" genannt, gehören hierher, so wie der Holzschnitt, Bartsch 132, wo der Tod als Gerippe dem Landsknecht die Sanduhr zeigt (1510); desgleichen die Tittelbordüre, B. App. 30., die zu verschiedenen Werken benutzt wurde.

Hans Burgkmair's Namen trägt ein Holzschnitt in Clairobscur; der geflügelte Tod würgt einen jungen Krieger, während dessen Liebchen entflieht.

Von *Lucas Cranach* besitzt das Madrider Museum ein Bild, auf welchem der Tod als Gerippe, mit der Sanduhr, bei zwei nackten Weibern, einem jungen und einem alten, steht; auf der Erde liegt ein todtes Kind. Der Tod verschont kein Alter.

Von *Nic. Manuel (Deutsch)* ist im Basler Museum eine Zeichnung, welche den Knochenmann vorstellt, wie er einer jungen, schönen Frau unter das Hemd schlüpft; wohl eine Hindeutung auf die Lustseuche, die zu Ende des 15. Jahrhunderts in Europa wüthete.

Von *Hans Baldung (Grien)* befinden sich ebendaselbst zwei ausgeführte Zeichnungen; jede zeigt eine nackte Frau in vollster Blüthe, in ganzer Figur; die eine will der grinsende Tod küssen, die andere schleppt er bei den Haaren zum Grabe: „Hie must du in." Eine Wiederholung der zweiten

Composition, Feder, Tusche und weiss gehöht, befand sich in der Sammlung von Hausmann und ist jetzt Eigenthum des Berliner Museums geworden. (S. Titelblatt.)

Auf einem Holzschnitt von *P. Flötner* zeigt der Tod seine Sanduhr einem beim Walde sitzenden Liebespaare. Hierher gehört auch eine Federzeichnung von *Brosamer*, (Berliner Museum), wo ein Festgelage im Freien vom Tode überrascht wird.

Hans von Culmbach hat 1512 eine dem Dürer'schen Stoffe ähnliche Zeichnung ausgeführt; ein junges Paar wird vom Tod mit dem Stundenglas hinter einem Baume belauscht. (Berl. Museum.)

Jac. Bink führt uns zwei Scenen mit dem Tode vor, den er als nackten Mann mit grinsendem Schädel darstellt, wie er mit einem Ritter kämpft und denselben überwindet.

Hans Seb. Beham hat oft den Tod dargestellt und denselben

zuweilen in die wunderlichsten Situationen gebracht. So stellt ein Stich von ihm vom J. 1543 den verbotenen Baum des Paradieses zwischen Adam und Eva als Tod vor. Er liebte es auch, nackten Frauen den Tod beizugesellen. Wollte er nur einen Gegensatz bieten und den höchsten Sinnenreiz durch das Todtengerippe im Zaume halten? oder den Gedanken ausdrücken, dass die vollendetste Körperform eine Beute des Todes wird? oder dass auch im Buhlen (durch die nackte Frau angedeutet) der Keim des Todes liege? Ein nacktes Mädchen schläft auf dem Lager in einer Weise, die man paradiesische Unschuld nennen könnte, wenn wir nicht in der Zeit nach der Erfindung des Feigenblattes lebten; der Tod kommt aus dem Grunde und neigt sich wie ein Verliebter über die Schöne hinab. Auf einem andern Blatte umfasst der Tod mit fliegendem spärlichen Haar auf dem dürren Schädel, ein üppiges nacktes Mädchen. Der Contrast ist grausenhaft. (S. Abbildg. S. 66) Das Tollste in diesem Genre hat der Nürnberger Künstler in einem Blatte geleistet, auf welchem ein unkeusches Paar dargestellt ist, im Grunde steht der Tod als abgemagertes Männchen. Nicht allein, dass die ganze Darstellung lasciv ist, so hat der Künstler die Wirkung noch dadurch gesteigert, dass er dem Tode selbst unordentliche Begierden zumuthete. Im bekannten Catalog des Beham (Manuscript des Berliner Museums) steht bei diesem Blatte geschrieben: propter quam picturam ex civitate ejectus est. — Auf einem anderen Blatte hat derselbe Künstler den Tod drei nackten Frauen verschiedenen Alters beigesellt. Schön ist die Composition, in welcher er den Tod in der Maske eines Narren ein vornehm gekleidetes Mädchen, das Blumen pflückt, begleiten lässt. Oben die Inschrift: Omnem in homine venustatem mors abolet. (S. Abbildg.) Auf einem Holzschnitt desselben Künstlers (Bartsch 174) ist das Fest des Herodes dargestellt, eigentlich ein Vergnügungsfest in mittelalterlichem Costum. Im Grunde links erblickt man die Tischgesellschaft, im Garten promenirende Paare, spielende Herren und Damen, auch ein Tänzchen wird arrangirt, während ein Liebespaar sich von der grossen Gesellschaft absondert; im Grunde rechts ergötzen sich Andere im Bade, oder machen eine Wasserpartie auf dem Kahn. Auch ein unverschämter lüsterner Narr fehlt nicht. Die Darstellung athmet Freude

und Vergnügen. Zwischen allen aber wandelt der Tod mit der Sense und Niemand scheint ihn zu bemerken. A. Drebber hat das Blatt schön im Stich copirt.

Hier ist auch ein kleines Blättchen zu erwähnen, das man dem B. Beham, obwohl mit Unrecht, zuschreiben wollte. Der Tod ist im Begriffe, zwei Kinder seiner Gewalt zu unterwerfen. Siehe die Schlussvignette.

Daniel Hopfer zeigt uns auf einem Blatte die eitle Frau, welche vom Tode und Teufel überrascht wird.

Auf einem Stiche von *J. ab Heyden* sehen wir einen Thurm mit festverschlossenem eisernen Thor. Der Tod steigt auf der Leiter zum Fenster hinein. Nach Jerem. 9 Cap.

Nach Rethel, dem Componisten des politischen Todtentanzes, besitzen wir noch zwei Holzschnitte: auf einem spielt der Knochenmann bei einem Maskenball auf, so ergreifend, dass die Masken todt niedersinken; eine Anspielung auf den Ausbruch der Cholera in Paris; auf dem anderen läutet er in der Kammer des Glöckners, der eben in seinem Lehnstuhl sanft entschlafen ist, die Todtenglocke; — eine Composition voll Poesie und zugleich eine Auffassung, die den Menschen mit der dürren Gestalt versöhnen könnte.

Eine originelle Auffassung finden wir auf einem Holzschnitt im „Schatzbehalter": der Tod ringt hier mit Jesu, wie einst Jacob mit dem Engel.

Nebenbei sei erwähnt, dass der Tod bei der Strassburger Münsteruhr als Skelet steht und die Glocke schlägt. Auch bei dem Umzug der Figuren an der alten Uhr des Prager Rathhauses fehlt die Gestalt des Todes nicht.

Holländische Schule. Hieronymus Wierix, der in verschiedenen allegorischen Blättern den Tod auftreten lässt, hat auf einem auch ein nacktes liegendes Liebespaar dargestellt, dem die Zeit einen Spiegel vorhält, in welchem Beide nicht allein sich, sondern auch den in ihrem Rücken lauernden Tod sehen.

Rembrandt lässt ein vornehmes junges Paar durch den Tod überraschen, der aus einem Grabgewölbe emporsteigt.

J. Lievens stellte in einer Radirung zwei Kartenspieler dar, die sich während des Spieles entzweit haben und auf einander losgehen, während der Tod mit Knochen dreinschlägt.

Von *Franz Floris* haben wir ein Gemälde, auf welchem

das nackte (eitle) Mädchen mit dem Spiegel in der Hand vom Todtengerippe umfasst wird. Es existirt von dem Bilde eine Lithographie. (S. auch die Abbildg.)

Auf einem von *Crispin de Passe* gestochenen Blatte wird eine im Garten lustwandelnde Dame vom Tode begleitet. Sie spricht zu ihrem Begleiter:

> Invide, quid teneram quaeris tentare puellam?
> Gloria de victa virgine parva manet.
> I procul et senio confectis retia tendas,
> Me sine deliciis invigilare meis.

Aber dieser achtet nicht der Rede und zeigt ihr sein Stundenglas.

J. Ph. de Bry stellte auf einem feinen Kupferstiche einen Soldatenzug vor. Beim Nachtrapp reitet der Tod, denn der Krieg wird ihm eine reiche Erndte eintragen.

Von *Jan Steen* ist im k. Schlosse zu Copenhagen ein Gemälde, welches den Besuch des Todes bei einem Wucherer vorstellt.

Etwas Aehnliches hat *J. Gole* und nach ihm *P. Schenk* in Schabkunst ausgeführt: der Tod spielt die Violine und tanzt dem Reichen vor. Mortis ingrata musica.

F. Bouttats hat für das Werk von W. Stanihurst: Nieuwe Afbeldinghe van de vier vytersten, Antw. 1662 zwei Kupferstiche mit Darstellungen des Todes geliefert; auf dem einen tritt dieser als Bauer mit der Sense auf, auf dem anderen thront er am Kopfe des Leviathan und hat Schlangenhaar.

Italienische Schule. In *Pisogne* (Lago d'Iseo) ist in der Kirche eine Todes-Allegorie gemalt: Dogma della morte, aus dem Ende des 15. Jahrhunderts. Der Tod erscheint als gekrönter Herrscher, um den sich alle Stände versammeln.

In *Borgo di Clusone* bei Bergamo befindet sich in der Kirche de' disciplini ein Wandbild, welches circa 1450 in Giotto's Manier ausgeführt ist: Trionfo e danza della morte. Aus dem Grabe, in welchem Papst und Kaiser liegen, erheben

sich drei Gerippe, das mittlere gigantisch, gekrönt, mit einem Mantel behangen; die beiden zu seinen Seiten schiessen Pfeile gegen die sie umgebenden Menschen aller Stände. Vergebens suchen sich Reiche mit ihrem Gelde, Papst und Kaiser mit ihren Kronen loszukaufen. Unter dieser Darstellung ist der Triumphzug des Todes. Abbildung bei G. Vallardi.

Von *Casp. Reverdino* besitzen wir die Darstellung einer nackten Frau, die sich im Spiegel betrachtet. Im Grunde lauert der Tod. Stundenglas, Rad und Flügel deuten die Kürze des Lebens an, das schnell dahinschwindet. Unten steht: Mortalia facta peribunt.

Dass *Tizian* den Triumph des Todes nach Petrarcha's Gedicht gemalt habe, ist bereits erwähnt worden.

Galestruzzi hat 5 Blatt radirt, welche die Herrschaft des Todes zum Gegenstand haben; eben so viele auch *St. della Bella*.

J. B. Angeli hat eine originelle Composition geätzt: der Tod, der aus einer Grabkammer hervorgetreten ist, hat Leimruthen mit einem Uhu aufgestellt; ein zweiter Tod jagt die Menschen wie Wild in die aufgestellten Netze hinein.

In *Darmstadt* ist eine sehr schöne Elfenbeinschnitzerei: man sieht einen schlafenden nackten Jüngling, über den sich der Tod herabneigt, um mit erhobener Rechten ihm den Pfeil in die Brust zu stossen.

Die Fabel vom Armen, der den Tod herbeiruft, ist auch abgebildet worden; in Lafontaine's Fabeln ist sie nach J. B. Oudry's Zeichnung von Baquoy gestochen; von Hédouin nach Millet radirt in der Gazette des Beaux Art II. 362. Im Basler Museum ist von Schwind eine schöne Zeichnung desselben Gegenstandes. Selbst die Carricatur hat sich der Todesgestalt bemächtigt; so sitzt dieser auf einer Zeichnung von *Rowlandson* als Gerippe auf dem Lauf einer Kanone, Napoleon I. gegenüber, der auf einer Trommel seinen Thron improvisirt hat.

Zuweilen wurde der Tod auch Bildnissen berühmter Personen beigesellt, nicht etwa nur im allegorischen Sinne, z. B. als Todtenkopf, wie wir diesen beim Bildnisse des Lucas von Leyden oder des J. Bink sehen oder auf dem schönen Gemälde des Hans Burgkmair im Belvedere zu Wien, auf dem sich der Künstler mit seiner Frau vorgestellt hat, wie beide in den Spiegel sehen und darin zwei Todtenköpfe wahrnehmen „Solche gestalt unser baider was, Im Spiegel aber nix dan das". Man begegnet auch dem leibhaftigen Knochenmanne: auf dem Portrait des Sir Bryan Tuka von Holbein in der Pinakothek zu München, hält er die fast abgelaufene Sanduhr; er steht hinter dem Portrait des Obersten Joh. Dan. von Menzel und zieht ihm den Commandostab aus der Hand, oder er überrascht die schöne Gabrielle d'Estrées (nach Eisen von J. F. Rousseau gestochen).

Schliesslich sei bemerkt, dass wir hier nicht ein vollständiges Verzeichniss aller Darstellungen, die in unser Gebiet fallen, gegeben haben, auch nicht zu geben beabsichtigten. Wir wollten nur an einzelnen Beispielen zeigen, wie Künstler die Idee des Todes auffassten, in welche verschiedenartige Situationen sie denselben einführten, wie mannigfach sie an der Hand der Kunst diese eine personificirte Idee gestalteten und verwertheten.

Lessing gibt am Schlusse seiner Abhandlung: Wie die Alten den Tod abgebildet haben, Künstlern der Gegenwart den Rath, den Tod nicht mehr als Gerippe darzustellen, vielmehr, dem Beispiele der Alten folgend, als einen Genius oder Engel. Wir wollen mit einem deutschen Classiker von solchem Ansehen wie Lessing nicht streiten, müssen aber doch mit allem Nachdruck bemerken, dass die Personification des Todes in der Gestalt eines Gerippes eine gleiche Berechtigung hat, wie jene in der Gestalt eines Genius, da sie von anerkannt classischen Künstlern angewendet wurde und dadurch ein Recht auf Existenz und Anwendung erworben hat.

Canova und Künstler seiner Richtung scheinen sich in der That Lessing's Rath zu Herzen genommen zu haben; man betrachte z. B. Canova's Grabmäler, den trauernden (sic!) Todesgenius am Grabmal des Vittorio Alfieri in S. Croce zu Florenz, oder am Grabmal Clemens' XIII. mit umgestürzter Fackel, die zwei Genien am Grabmal der letzten Stuart's, oder die Figur am Grabmal des Mich. Skotnicki von Steph. Ricci, oder von demselben Künstler den Todesgenius mit umgestürzter Fackel am Grabe des Lorenzo Pignotti im Campo santo zu Pisa — wie erscheint hier überall in verwässerter Sentimentalität ein Gedanke, der voll Ernst, Grösse und Fürchterlichkeit ist. Welch' ein Unsinn: ein trauernder Tod! Das Mittelalter verstand es besser; der Tod (und jeder Todtenschädel) lacht, grinst, denn er feiert immer einen Triumph und kennt vor dem jüngsten Tage keine Niederlage. Wenn wir unsere Friedhöfe durchgehen, begegnen wir auf Schritt und Tritt solchen nichtssagenden und doch so prätentiös sich aufdringenden Oberflächlichkeiten. Wir können in unserer Religion genug Stütze und Trost finden, um auch einem Todtengerippe muthig in die schaurigen Augenhöhlen zu schauen. Der Tod ist einmal nicht sentimental, sein Messer schneidet schmerzlich; „scheidet also der bittere Tod?" (Sam. 15, 32.)

Und will man absolut kein Gerippe haben, so bleiben noch andere specifisch christliche Motive, biblische Historien, die in allegorischer Beziehung zum Tode stehen, z. B. die Auferweckung der Tochter Jairi, des Jünglings von Nain, der auferstandene Heiland, und andere Motive, wie sie P. v. Cornelius in seinen Entwürfen zu den Fresken der Friedhofshalle in Berlin entworfen hat. Solche Darstellungen haben gewiss einen tieferen Sinn und sind im Stande, den Ueberlebenden am Grabe ihrer Lieben einen reelleren Trost zu geben, als ein trauernder Todesgenius mit umgestürzter Fackel.

II. Theil.

ICONOGRAPHIE DES TEUFELS.

I.

VORBEREITENDE MOMENTE ZUR ENTWICKELUNG DER DIABOLISCHEN GESTALT.

Jacob Grimm sagt treffend in der Vorrede zu seiner Mythologie: „Die Volkssage will mit keuscher Hand gelesen und gebrochen sein. Wer sie hart angreift, dem wird sie die Blätter krümmen und ihren eigensten Duft vorenthalten." Dasselbe gilt auch, und vielleicht in noch höherem Maasse, von der kirchlichen Sage, von der Legende und von Allem, was in das Bereich der kirchlichen Lehre gehört. Wer sich diese Ueberlieferungen der Vergangenheit nach seinen eigenen Ansichten zurechtlegen und dann über dieselben von seinem individuellen Standpunkte aus urtheilen wollte, würde sich bald in Widersprüche und Ungereimtheiten verwickeln.

Bei unserer Aufgabe, eine Iconographie des Teufels zu geben, den „ewigen Feind Gottes und alles dessen, was diesem gehört", mit den Augen des darstellenden Künstlers zu betrachten, handelt es sich nicht darum, was wir über den Teufel glauben, sondern unser Bestreben geht dahin, seine Erscheinung aus der Geschichte zu erklären und die Formen, unter welchen Künstler der verschiedenen Jahrhunderte ihn dargestellt haben, einer Prüfung zu unterwerfen und dem Verständniss näher zu bringen. Der Teufel hat in der Geschichte der Menschheit, der Cultur, der Kunst, eine gleiche Berechtigung auf unparteiische Berücksichtigung wie alle anderen Factoren, die in diesen Gebieten thätig und erfolgreich aufgetreten sind.

Mit Rücksicht auf den vorangegangenen Artikel, der eine Iconographie des Todes zu geben sich bemühte, müssen wir gleich den essentiellen Unterschied betonen, der diese gegenwärtige Abhandlung vor der vorhergehenden charakterisirt, wenn wir auch versucht wären, beide Abhandlungen unter der allgemeinen Aufschrift: *„Die beiden finsteren Gewalten und Gestalten in der darstellenden Kunst"* zu registriren. Der Tod war für uns die von der Kunst versuchte Personificirung einer Idee, also eine Allegorie; der Teufel hingegen, wie ihn die Kirchenlehre und der Volksglaube auffassen, ist eine wirkliche Person, ein reales Wesen. Da er aber als ein Geist erscheint dem keine körperliche Hülle zukommt, so musste er, um überhaupt dargestellt werden zu können, anthropomorphisch behandelt werden, d. h. es musste ihm eine seinem Wesen entsprechende äussere Erscheinungsform geliehen, gleichsam wie ein Kleid angepasst werden. Und um diese äussere Form, die, von der Phantasie der Dichter und Künstler gewoben, im Laufe der Jahrhunderte verschiedenen Wandlungen unterworfen war, handelt es sich hier; dieser äussere Habitus ist der eigentliche Gegenstand der Iconographie des Teufels.

Bei der Iconographie des Todes haben wir die Culturvölker, die dem Christenthum vorangingen, nicht ohne reichen Gewinn für unsere Untersuchung um ihre Ansichten und Kunstformen befragt. Bei dieser gegenwärtigen Untersuchung sind wir auf ein engeres Gebiet beschränkt; das classische Heidenthum kennt im Sinne des Christenthums keinen Teufel. Ueberhaupt findet man ausserhalb der Bibel nur bei den alten Persern etwas, was, oberflächlich aufgefasst, mit unserem Gegenstande zusammenzuhängen scheint; der Glaube dieses Volkes stellt nämlich Ormuzd und Ahriman als das gute und böse Princip gegen einander. Aber der Teufel ist eben kein Princip; er ist kein principieller Gegensatz zu Gott, wie Schatten zu Licht, denn er ist keine Nothwendigkeit. Man will auch, der Bibel gegenüber, behaupten, die Existenz des Teufels sei in einer späteren Zeit erfunden worden, der Name Teufel, Diabolus, komme erst im 3. Buche der Könige vor, der Glaube sei aber offenbar erst nach der babylonischen Gefangenschaft in das Judenthum von anderen orientalischen Völkern verpflanzt worden. Doch finden wir den Namen Satan bereits 2. Sam. 19, 22 und das Wort Daemon (in unserer Bedeutung) sogar Deuter. 37, 17. Satan erscheint auch im Buche Job; doch da sich die Gelehrten über die Zeit, wann dieses Buch verfasst wurde, streiten, wollen wir uns nicht darauf berufen, dagegen werden wir als vorurtheilsfreie Forscher mehr Gewicht auf die Sache als auf den Namen legen, und da finden wir, was wir suchen, auf den ersten Blättern der Bibel, wenn auch unter anderem Namen, in fremdartiger Form; unsere Hauptperson tritt im Paradiese als *Schlange* auf und greift in die Geschicke der jugendlichen Menschenfamilie störend ein.

Eingedenk der ersten Worte unserer gegenwärtigen Abhandlung wollen wir darum fragen, wie uns die kirchliche Lehre, in welcher wir ja die ersten Andeutungen über den Teufel zu suchen haben, sein Wesen darstellt. Nach derselben ist er also kein Princip, sondern ein Geschöpf Gottes. Erhabener als alle erschaffenen Wesen (das Christenthum nennt ihn Lucifer, den Lichtträger) ist er ein leibloser Geist. Aus eigenem freien Willen zerstörte er das Band, das ihn an seinen Schöpfer knüpfte und wollte durch eigene Entscheidung das Gegentheil dessen, was ihm Gott vorschrieb.

Er riss sich also freiwillig vom Reiche Gottes los und zog in seinem Sturze viele andere Geister seiner Art in den Abgrund mit sich hinab. Diesen Abgrund nennt die kirchliche Lehre die Hölle. Nach diesem Sturze (durch den treu gebliebenen Erzengel Michael, Apoc. 12, 7.) geht sein ganzes Bemühen dahin, das Reich Gottes zu zerstören, die Menschen durch Versuchung von Gott und seinem Heile abwendig zu machen. Wollen wir also einen logischen Gegensatz zu ihm angeben, so wären es die treuen Engel. Die Engel wie die Teufel sind von Gott erschaffene, geistige Wesen, stehen also hierin auf gleicher Linie; die divergirende Willensrichtung allein bildet den Gegensatz unter ihnen. In den Schriften des neuen Testamentes liegt diese Lehre bereits klar entwickelt vor, doch muss der Glaube, wie Grimm richtig bemerkt, weit zurück in's jüdische Alterthum gehen. Wo zuweilen in der Bibel der Ausdruck *Drache* vorkommt, da wird dieser von den Kirchenlehrern stets für das metaphorische Bild des Höllenfürsten genommen.

Wenn die heil. Bücher von seiner gottfeindlichen Thätigkeit reden, wenden sie bereits Bilder an, die später nothwendig auf die durch die Kunst verwendeten Formen Einfluss üben mussten. Als Schlange ringelt er sich im Paradiese um den Baum der Erkenntniss, als alter Drache erscheint er in der Apocalypse (12, 9.). Petrus (I, 5, 8) nennt ihn einen brüllenden Löwen, der herumschleiche und suche, wen er verschlingen könnte. Bei Matthaeus ist er der böse Feind, der Unkraut unter den Waizen aussäet.

Nach dem hier Gesagten ist der Grund leicht ersichtlich, warum wir bei den ausserchristlichen Völkern des Alterthums vergebens nach einer Gestalt suchen, die mit dem Teufel, wie ihn das Christenthum zeichnet, wesentlich gleich wäre. Der Ahriman der Perser stellt das böse Princip dar. Der Typhon der alten Egypter war die Personification des verderblichen

Sturms und wilder Naturausbrüche. Durch seine Verbindung mit dem Hundsstern, der Egypten den Segen der Nilüberschwemmung bringt, verliert er seine schädliche Wirkung und wird zu einem segenspendenden hochverehrten Gotte, dem Opfer gebracht werden.*) Was endlich die Griechen und Römer anbelangt, so werden wir uns bei aller Reichhaltigkeit des mythologischen Apparates vergebens nach einem Gebilde umsehen, das unserem Teufel vollkommen entspräche. In der Mythologie war Gott und Alles, was zu seiner Hierarchie gehörte, zum Guten geneigt. Nur einzelne untergeordnete Personificirungen von Naturgewalten neigten zum Bösen hin, aber nicht constant; der böse Wille war nicht petrificirt und suchte nur zuweilen Menschen zu schaden. So die Satyrn, bei den alten Germanen die Elben, Nixen und Kobolde, die sich manchmal auch wohlthätig gegen Menschen erwiesen. Die meiste Aehnlichkeit mit dem Fürsten der Hölle und dessen Anhang hätten noch die Titanen und Giganten, welche den Himmel stürmen wollen (Horaz, Oden. III, 4.), wie sie auf alten Vasen oft abgebildet erscheinen. Klingt hier nicht etwa die Erzählung vom Engelsturz nach? Uns fehlen die Mittelglieder, um den Gang der Ueberlieferung zu verfolgen. An den verkehrten Weg, dass nämlich die Fabel von den Giganten im Schoosse des Christenthums die Lehre vom Fall der abtrünnigen Engel erzeugt hätte, ist nicht zu denken.

Auch die Persönlichkeiten, die das Alterthum mit der Unterwelt, dem Orcus in Verbindung brachte, sind hier in Betracht zu ziehen. So wäre Sisyphos (Odyssee XI, 593—600) ein Bild des im Abgrund gefesselten Satan (Apoc. 20, 3.); Tantalos, Ixion und Tityos gehören demselben Sagenkreise an, doch würden sie mehr ein Bild für den elenden Zustand des

---

*) K. Schwenck, Mythologie. III.

Menschen abgeben, der, den Lockungen des Teufels folgend, in sein Reich der Finsterniss verbannt wird. Auch der geblendete Polyphem ist hier zu erwähnen, so wie auch die Centauren zur Scenerie der heidnischen Unterwelt gehören. Minotauros, der zarte Knaben und Mädchen verschlingt, hat schon viel Satanisches an sich. Bei Aechylos betraten die Furien die Bühne beflügelt und mit Krallen versehen. Der Eurynomos auf Polygnot's Lesche zu Delphi war ein Dämon in scheusslicher Gestalt, der die Leichen benagt. Hier begegnen wir einer eigenthümlichen Erscheinung, die ein grelles Licht auf unseren Weg wirft. Im heidnischen Alterthum finden wir oft Mensch und Thier zu einer Gestalt verbunden. Wollte man etwa damit den Kampf der ungebändigten Naturkraft gegen die Bestrebungen des geistigen Lebens ausdrücken? Oder den Sieg des letzteren über die erste? Ursprünglich war diese Verbindung keine Unehre; wir erinnern an die assyrischen Denkmäler, auch Moses trägt ein Hörnerpaar, wie selbst Engel Flügel besitzen. Wir finden die Centauren als eine Verbindung von Mensch und Ross; ferner die Satyrn, als eine Verbindung von Mensch und Ziegenbock; „bei kräftigen Gliederformen haben sie stumpfe Nasen, ziegenartige Ohren, borstiges und wie bei den Ziegen emporgesträubtes Haar; endlich das Schwänzchen im Rücken und thierisch gegliederte Geschlechtstheile." (Preller, griech. Mythologie.)

Das Christenthum hat diese Mythen als allegorische Formen adoptirt; die Centauren und die der griechischen Mythologie entlehnten Sirenen bedeuten die Lockung und Versuchung zur Sünde. Die äussere Gestalt des Satyrs wurde aber als eine entsprechende Form zur sichtbaren Erscheinung des Teufels herübergenommen.

Der Grund zu dieser Annahme heidnischer Formen und

ihrer Uebertragung auf das Gebiet der christlichen Lehre ist hier kein oberflächlicher oder zufälliger, sondern tief begründet und lange vor dem Christenthum vorbereitet. In den Psalmen heisst es: Alle Götter der Heiden sind Dämonen (95, 5.). So bildete sich in der Zeit, als das Christenthum auftrat und dem Heidenthum gegenüber stand, die Ansicht heraus, dass die Götter des Heidenthums nichts als Erscheinungen des Teufels wären, um die Menschen von der Erkenntniss des wahren Gottes abzulenken und unter seine Gewalt zu bringen. Bekehrte Heiden selbst nährten den Glauben, dass die verlassenen, vom Christenthum besiegten heidnischen Götter sich in teuflische Wesen verwandelten; Loki und Hel, an sich schon finster, gingen leicht in den christlichen Begriff teuflischer Wesen über. (Grimm.) Wo Christi Lehre gepredigt wird — so erzählen uns die Annalen der ersten christlichen Zeit — da heulen die Bildsäulen der heidnischen Götter und brechen zusammen. Apollo's Bildsäule stürzt auf Befehl des h. Georg; Perun's Bild, das die bekehrten Nowgoroder durch ihre Stadt schleifen und in den Strom werfen, klagt über die Treulosigkeit seiner alten Verehrer; Wuotan wird zum wilden Jäger, der an der Spitze des wüthenden Heeres auf schwarzem Rosse reitet. Die christliche Jungfrau Martina näherte sich einer Bildsäule der Artemis, in welcher ein Dämon hauste, welcher, als er merkte, dass es auf seinen Fall abgesehen sei, ausrief: Weh mir! wohin soll ich fliehen vor deinem Geist, das Feuer des Himmels verfolgt mich. Die h. Jungfrau bekreuzt sich und das Idol fällt unter Donner und Blitz zusammen. (Acta SS. 1. Januar.)

Wenn wir also auch im Heidenthume keinem eigentlichen Teufel, wie ihn das Christenthum lehrt, begegnen, so waren hier doch genug Züge vorgezeichnet, die man entlehnen konnte, um unter denselben den bösen Geist der Hölle sichtbar auftreten zu lassen. Fand das Christenthum im Heidenthum nicht die Person des Teufels, so fand es doch Gewänder genug, um damit denselben zu bekleiden und erkennbar zu machen.

Um dieses Bild zu vervollständigen, erinnern wir uns der Worte aus der Apocalypse (6, 4.): Der Reiter auf dem feuerrothen Rosse mit dem Schwerte in der Hand, den Frieden von der Erde hinwegnehmend, ist ein prägnantes Bild des Feindes der Menschheit. Gregor nennt ihn antiquus hostis, den alten Feind, eine Hinweisung auf „die alte Schlange"; wenn er den Menschen nicht durch seine Kunstgriffe zur Ungerechtigkeit verleiten kann, so verbirgt er sein hässliches Angesicht unter einer schönen Larve, um sich in seiner Ruchlosigkeit nicht blosszustellen. — Augustin vergleicht ihn mit einem angeketteten Hunde, der da bellen, aber nur denjenigen beissen kann, der sich ihm freiwillig nähert. — Hilarion nennt ihn den infernalen Wagenlenker, der die Verworfenen zur Hölle entführt. — Cyrillus gebraucht von ihm das Bild eines schnaubenden Rosses.

Das sind Anklänge an das Todtenpferd, von dem wir in der Iconographie des Todes gesprochen haben. Tod und Teufel kommen oft in Gemeinschaft vor.

Die Poesie der Völker hat das Ihre beigetragen, um das Bild Satan's noch wechselvoller zu gestalten, und als endlich die Phantasie der darstellenden Künstler sich des Stoffes bemächtigte, da hat sie die Bilder der Poesie nicht allein erreicht, sondern noch um ein Namhaftes übertroffen.

II.
AUSBILDUNG DER TEUFELSGESTALT IM CHRISTLICHEN MITTELALTER.

Die ersten christlichen Jahrhunderte bieten für unseren Gegenstand wenig Stoff, denn in der Zeit des Kampfes konnte sich die Kunst nicht entwickeln; sie verlangt Ruhe und Frieden. Die ersten Anfänge der christlichen Kunst begrüssen wir in den Catacomben. Die Künstler derselben stellen meist Begebenheiten der Bibel dar, und da finden wir denn auch die erste Sünde im Paradiese; der Versucher erscheint natürlich der biblischen Erzählung conform in Schlangengestalt. So auf einem Sarkophag-Relief, bei Bottari, I. Tafel 31.; auch auf Wandgemälden, ebenda, II. Tafel 60. 123. 129. III. Taf. 145. 148. Auf einem Wandgemälde im Coemeterium des h. Callistus (Abbildung bei Bottari II. Taf. 80) hält die Schlange auch die Frucht im Rachen.

Die Schlange ging auch in die Gestalt eines Drachen über; der Künstler konnte hier heidnische Motive entlehnen, denn es gibt Darstellungen aus der Heroengeschichte, wo der Drache als Wächter eines Heiligthums oder Schatzes abgebildet ist. Auch Raphael gesellte nach der Legende der h. Margaretha einen Drachen bei. Der Drache wird als ein Bild des Stolzes und der infernalen Macht gehörnt geschildert, nach der Beschreibung des Leviathan in der Bibel. (Job. 41, 2.) „Die Hörner bedeuten den Stolz des Teufels," sagt der h. Isidor und beruft sich auf das Wort der Psalmen: Nolite exaltare cornu. Des Drachen Farbe ist roth, wie der h. Bruno sagt: Ecce Draco magnus et rufus, propter sanguinem Martyrum, quem fundere non cessat. So lautet auch eine Marginalnote in einem Bibel-Palimpsest der Bibliothek Ste. Geneviève zu Paris: Draco rufus, quia homicida. Das spätere Mittelalter hat sich nicht an diese eine Farbe gehalten, sondern ihn fast regenbogenartig colorirt.

Wie bei der Darstellung des Todes begegnen wir auch beim Teufel einer Wandlung der Form, als die humanistischen Studien im 12. Jahrhundert Poesie und Kunst zu beeinflussen anfingen. Zwar behielt man für die Darstellung der ersten Sünde im Paradiese noch die biblische Schlange, aber diese trägt, wie z. B. bei Raphael, einen schönen Frauenkopf; sonst aber wurde die Gestalt des Teufels von der thierischen Form theilweise entkleidet und der menschlichen näher gebracht. Freilich gelangte man nicht zur vollendeten Menschenform, etwas vom Thiere musste noch zurückbleiben, und da lag dem Künstler der Renaissance die Satyrgestalt am nächsten. Ausser dieser dienten auch Centauren und Sirenen vom zehnten bis zum sechszehnten Jahrhundert den Künstlern zur Darstellung des Versuchers zur Sünde. Lag hier vielleicht auch die alte Legende des h. Hieronymus vom egyptischen Einsiedler Antonius zu Grund? Nach dieser erschien dem frommen Altvater der Einsiedler, als er den Eremiten Paulus besuchen wollte und sich in der Wüste verirrte, zuerst ein Centaur, dann ein Satyr, der mit dem Heiligen sogar ein Gespräch führte. Hieronymus lässt es unentschieden, ob dies eine Vorspiegelung des Teufels gewesen sei, oder ein wirkliches Monstrum der Wüste, an welche man damals noch zu glauben geneigt war.

Wie beim Tode haben auch hier die Dichter dem Künstler

den Weg gebahnt. Als Bahnbrecher für die Renaissance-Zeit muss Dante genannt werden, der die christliche Lehre mit der heidnische Mythologie durchwob. Er stellt sich auf den Standpunkt, wonach die Wahrheit ursprünglich da war; das Heidenthum ist ein Abfall von derselben; desshalb wird von der Idee des Jupiter auf Jehovah und von Pluto, dem Gott der Unterwelt, auf Lucifer, den obersten der gefallenen Engel, zurückgegangen. Bei der Construction der Hölle wirken also biblische und heidnische Vorstellungen zusammen. Acheron, Charon, Minos, die Centauren und Harpyien, Pluto und Hecate bilden die Gesellschaft Lucifers.

Auf diese Art werden uns nun die Darstellungen dieses Kreises, die jener Zeit angehören, leicht verständlich werden. Nicola Pisano bildet den Teufel auf seinem berühmten Gemälde des jüngsten Gerichtes zu Pisa (1260) als Satyr ab; in gleicher Gestalt sehen wir ihn im Campo santo auf den Malereien des h. Ranieri, die Vasari dem Simone Memmi beilegt. Auf dem Bilde der Hölle von A. Orcagna in der Kirche Maria Novella zu Florenz erscheinen verschiedene Gestalten der heidnischen Mythologie, wie Charon, Minotaurus, Cerberus, der die Seelen verschlingt, Geryon, die Harpyien, endlich Pluto selbst als der Höllenfürst. Auf einem frühzeitigen Stiche des Marc Anton, der die Niederfahrt Christi in den Limbus darstellt (B. 41.), ist der Teufel, der dem Heilande den Sieg streitig machen will, als alter bärtiger Mann mit Hörnern, Fledermausflügeln und Vogelkrallen abgebildet.

In Mittel-Europa, wo die Renaissance erst später ihren Einfluss auf die Künste ausübte, finden wir andere Factoren, die der äusseren Gestaltung des Teufels ihr Gepräge aufdrückten. In Frankreich wurden zur Feier der Vermählung Heinrich's IV. mit Margaretha von Valois auch Feste gegeben, bei denen die Hölle vorgestellt wurde, welche Teufel auspeit. Man nannte solche Feste „Diableries". Doch gehören sie schon einer weit älteren Periode an; die Personen wurden durch Jongleurs dargestellt. So wurden am Gedächtnisstage eines Verstorbenen oder bei anderen Gelegenheiten Tänze aufgeführt, wobei Tänzerinnen und Teufel mit scheusslichen Masken (larvae daemonum, quas vulgo Talamascas dicunt) auftraten. Es sollen gräuliche Dinge bei solchen Gelegenheiten vorgekommen sein, wesshalb diese Feste von der Kirche streng verboten waren.

In Deutschland haben wir bereits früher von den religiösen Dramen gesprochen, bei welchen der Tod als handelnde Person erschien. Auch der Teufel betrat oft die Bühne; es gehörte zu seiner Rolle, alle möglichen Anstrengungen zur Störung des Gottesreiches zu machen. Oft schien sich ihm bereits der Sieg zuzuneigen, aber die Schlusscatastrophe raubte ihm zuletzt alle errungenen Vortheile, selbst ergraute Sünder wurden ihm von der göttlichen Gnade abgejagt und der Betrogene zieht beschämt mit dem Bekenntnisse ab, dass er nur dazu beigetragen habe, Gottes Barmherzigkeit zur Geltung zu bringen

Hier tritt uns die besondere Eigenthümlichkeit markirt entgegen, dass der Böse die Rolle des Komikers spielen muss; er ist der Lächerlichkeit preisgegeben und diese mit Schande und Verachtung beladene Rolle behält er in den Volksstücken der deutschen Dichter wie in den Profan-Darstellungen der deutschen Künstler durch das ganze Mittelalter bei. Desshalb seine Benennung: *der dumme Teufel.*

Aus diesem komischen Elemente, in welches die Dichter den Teufel versetzt haben, entwickelte sich das Bestreben der Kunst, in der Formgebung desselben die ungebundenste Phantasie walten zu lassen. Als Gegensatz zur höchsten Vollkommenheit und Schönheit Gottes und seines Reiches, glaubte man nie genug des Hässlichen, Abnormen, Phantastischen und

Barocken geleistet zu haben, um die moralische Verworfenheit des Teufels auch äusserlich darzustellen. Die naturgeschichtlich gegebene Gestalt der Schlange war dem Künstler zu wenig, zu zahm; er griff darum in das fabelhafte Geschlecht der Drachen hinein und schuf mit einer Art Wollust durch endlose Variationen Gestalten, die den erfahrensten Naturforscher zur Verzweiflung gebracht hätten, wenn er sie in irgend eine Rubrik des Linné'schen Systems hätte einreihen sollen. Was ein Höllen-Breughel, D. Teniers, J. Callot etc. in diesem Genre geleistet haben, ist männiglich bekannt.

Bevor wir auf die eigentliche Iconographie des Teufels, wie wir sie aus den Werken der Künstler herstellen können, übergehen, müssen wir einzelne Typen oder Charakterzüge, wie sie die Dichtkunst vorgezeichnet hatte, voranstellen.

Die Dichter nennen ihn *Hinkebein*, weil er auf einem Fusse hinkt; diess deutet auf seinen Sturz vom Himmel hin. Auch Vulcan wird aus gleicher Ursache hinkend abgebildet. Wenn er in menschlicher Gestalt erscheint, so kommt er, wie Caesar von Heisterbach (um das Jahr 1240) bemerkt, als anständig gekleideter Mann, oder als vierschrötiger Bauer, auch als schmucker Soldat, wenn eine Frau zu verführen ist, oder auch als eine vornehme Dame. Wenn er nicht in Thiergestalt auftritt, also in menschlichem Körper, so wird ihm doch wenigstens ein Glied eines Thieres beigegeben, wie bei Actaeon, dem die Künstler die menschliche Gestalt liessen, aber Hirschgeweih aufsetzten. Selbst wenn er als schöne junge Dame erscheint, um zu versuchen (so bei Teniers' Versuchung des h. Anton, im Berliner Museum), deuten die Vogelfüsse auf Harpyien und folgerichtig auf das Dämonische hin. Zu diesen thierischen Zuthaten gehören Hörner, ein Schwanz und ein Pferdefuss. (an die Centauren erinnernd). Da er als Verführer der Menschen gedacht wird, und bei dieser Verführung verschiedene Anreizungen zu Lastern in Betracht kommen, so werden ihm auch verschiedene Thiergestalten zuerkannt, welche diese Laster symbolisiren. Eine der ältesten ist die *Bocksgestalt;* die Hexen sehen ihren Herrn und Meister in dieser Gestalt. Auch der *Löwe*, obwohl sonst Symbol Christi, ist eine Maske des Teufels, was sich entweder auf Psalm 90, 13 bezieht, oder in den Worten des Petrinischen Briefes (I. Petr. 5, 8) seine Begründung hat. Am Portal der Notre-Dame-Kirche zu Amiens tritt Christus auf einen Löwen und einen Drachen. Wo es sich um das Laster der fleischlichen Lüsternheit handelt, da tritt die Gestalt des *Ebers oder Schweines* in ihre Rechte. Einen seelenraubenden *Wolf* nennt ihn der h. Gregor und als „Hellewolf" (Höllenwolf) kommt er in altdeutschen Dichtungen vor, zuweilen als *Höllenhund*, der Schätze bewacht, oder endlich als *Affe*, der es Gott überall nachmachen will; er travestirt stets das Reich Gottes, wie schon Justinus Martyr und Tertullian bemerken; er will Gott immer nachäffen.

Aus dem Vogelgeschlecht ist ihm die Gestalt des *Raben* beliebt; schon in der Beschreibung der Sündfluth wird bemerkt, dass der Rabe nicht zur Arche zurückkehrte, sondern beim Aas blieb. Als der h. Gallus ein vom Teufel besessenes Mädchen heilte, da entfuhr ihr der Teufel, wie es im alten Liede heisst:

>Exit ore torvus
>Colore tanquam corvus.

Die *Schlange* und den *Drachen* haben wir bereits erwähnt. Wir sehen, dass der Teufel eine reiche Garderobe und ein grosses Arsenal besitzt, wobei ihm die Wahl des entsprechenden Costüms nicht schwer fallen dürfte. Dazu kann er sich aufputzen mit allerlei Blendwerk, mit Pfauenfedern oder Schmetterlingsflügeln (so auf dem Bilde des Weltgerichts in Danzig).

Einer alten Ueberlieferung zu Folge kann der Teufel alle Thiergestalten annehmen, mit alleiniger Ausnahme jener des Lammes. Der Grund ist leicht einzusehen. Als dem Feinde Gottes und des Reiches des Ethisch-Schönen und Vollendeten kommt ihm das Hässliche, Verkehrte und Unnatürliche zu. Desshalb verwandelt sich Alles an ihm in's Maasslose und Lächerliche. Alte Legenden bezeichnen ihn als ein fleischloses grässliches Wesen von fahler Farbe, einem Aethiopier nicht unähnlich. Künstler haben sich um die Wette bemüht, an ihm die Extreme des Dicken und Dünnen, des Langen und Kurzen, des Riesenhaften und Zwergartigen, darzustellen, wobei ihnen in's Abenteuerliche versetzte Thierformen sehr gut zu Statten kamen. Auch die Volkssage lässt ihn entweder riesenhaft als Mühlstein vom Berge niederrollen oder aus einem Zwirnknäuel sich entwickeln. Die reiche Literatur der Faustsage, Faust's Verschreibung an den Teufel und seine endliche Entführung durch denselben hat auch viel Stoff zur mittelalterlichen abschreckenden Gestaltung des Teufels geliefert.

Einer eigenthümlichen Auffassung begegnen wir auch darin, dass am Teufel die unedelsten Theile des Körpers den edelsten vorangesetzt werden. Hexen bezeugten ihren Meister am Blocksberg ihr Homagium, indem sie ihn hinten küssten.

Künstler haben sich besonders in abenteuerlicher Gestaltung der Teufelsnase ausgezeichnet. Der h. Dunstan zwickte dem Teufel die Nase ab, die Künstler haben ihm eine falsche gegeben — und was für eine! Breughel und seine Nachahmer lassen den Teufel seine Nase als Trompete brauchen.

Was die Farbe anbelangt, so wird dem Teufel als dem blutgierigen Seelenmörder die rothe, als dem vom Licht abgefallenen Geschöpfe, die schwarze oder graue beigelegt. So finden wir ihn auf alten Miniaturen. (Siehe Waagen,

Kunstwerke, S. 209.) Doch hielten sich nicht alle Künstler an diese Regel und zuweilen schillert er in allen Farben. Noch ist zu bemerken, dass er in der Regel nackt abgebildet wird; es fehlt ihm das Gewand der Gnade und seine Hässlichkeit muss offenbar werden.

Die deutsche Volkssage und Poesie hat in das Reich des Satan noch eine besondere Persönlichkeit eingeführt. Das Judenthum und Christenthum kennt nur Teufel, keine Teufelinnen. Im alt-deutschen Gedichte steht neben dem Teufel seine Grossmutter (zuweilen Mutter oder Schwester), in einem alt-deutschen Spiel Lillis genannt. Sie erinnert an die Teufelin Lilith im Talmud. Wo von weiblichen Teufeln die Rede ist, da haben wir Anklänge an Elben, Nixen, Nymphen und hiermit einen Uebergang zu den Hexen und zum Hexensabbath am Blocksberg.

III.

DER TEUFEL UND DAS HEXENWESEN.

Der Teufel, dessen Bestreben dahin geht, die Menschen der Herrschaft und dem Reiche Gottes zu entfremden und an die Stelle Gottes sein Reich zu setzen, sucht natürlich Verbündete zur Erreichung seines Zweckes. Nach dem allgemeinen Volksglauben sind es alte Weiber zunächst, die er am empfänglichsten für seine Vorspiegelungen findet und am tauglichsten, ihn zu vertreten. Solche alte Weiber entsagen vollständig dem Glauben und machen mit dem Satan einen förmlichen schriftlichen Contract. Sie werden *Hexen*.

Das Hexenwesen gehört keineswegs, wie man oft annimmt, dem christlichen Mittelalter an; das Christenthum hat es bereits vorgefunden und im Mittelalter wurde es zum Behufe der Hexenprocesse in ein System gebracht. Zauberübende Weiber kannten schon die alten Griechen und Römer, Celten und Germanen. Der Zauber, der ausgeübt wurde, bestand im Weissagen oder Prophezeien, im Behexen (Beschreien oder Beschwören), in Giftmischerei und in der Kunst, seine Gestalt zu bergen oder umzuwandeln. Es ist bezeichnend, dass man alte Weiber zu diesem Geschäfte als die tauglichsten dachte; „der Liebe und dem Glauben abgestorben, ist es ihnen eigen, ihr Sinnen und Trachten auf geheime Künste zu stellen." (Grimm.) Dem Teufel musste eine solche Helferin sehr willkommen sein und es ist erklärlich, dass er um ihre Gunst buhlte. Wird ja schon in alter Zeit alten Weibern eine grössere List und Bosheit, als dem Teufel selbst zugeschrieben. Eine alte Sage erzählt von einer solchen Alten, der es gelungen war, glückliche und friedliche Eheleute zu entzweien, was dem Teufel selbst nicht glücken wollte; dieser schenkte ihr also ein Paar Schuhe, jedoch hielt er dieselben behutsam auf einen Stecken hin, weil ihm vor der Hexe graute.

Die Bibel berichtet von Teufelsbesessenen. Diese Besessenheit ist unfreiwillig. Ihr gegenüber steht das freiwillige Bündniss mit dem Teufel, und auf demselben ist das ganze Capitel von der Hexerei aufgebaut. Dieser Glaube hatte frühzeitig Wurzel gefasst. Schon der berühmte Canon episcopi aus dem 4. Jahrhundert handelt über diesen Gegenstand. Einige lasterhafte Weiber bekennen ihren Umgang mit dem Teufel und wie sie des Nachts mit der Diana oder der Herodias, im Gefolge einer grossen Schaar anderer Weiber auf Thieren reiten und weite Landstriche durchziehen. Derselben Zeit gehört auch schon der Glaube an Incuben an, dass nämlich der Teufel mit den Hexen in geschlechtlichem Verhältniss stehe. Diese Episode im Hexenwesen hat eine ganze Wolke moralischer Fäulniss und Verdorbenheit aufgewirbelt.

Nicht allein Hexen, auch Männer schlossen Bündnisse mit dem Teufel, der ihnen gewisse Freuden und Vortheile, so wie ein glückliches Leben verspricht, worauf nach Ablauf der bedungenen Frist ihre Seele dem Teufel gehört. Eine grosse Berühmtheit erlangte das Bündniss des Vicedominus Theophilus (um 538) mit dem Teufel. Ein Zauberer führt ihn in den Circus, wo Satan in der Mitte thront und die Huldigungen seiner Getreuen entgegennimmt. Theophilus entsagt dem Glauben und überreicht dem Teufel die von ihm selbst geschriebene und versiegelte Urkunde. Später wird er von Reue ergriffen und thut Busse; Maria bittet für ihn und bewegt ihren Sohn, ihm zu verzeihen. Während er schläft, legt sie ihm die wiedererlangte Urkunde auf die Brust. Als er erwacht und seine Schrift findet, bekennt er öffentlich seine Sünde, zerreisst die von ihm ausgestellte Urkunde und rühmt die Gnade der Gottesmutter. Drei Tage darauf stirbt er eines seligen Todes. (Acta SS. Boll. 4. Febr.) — Auch die Sage von Dr. Faust, seinem Bündniss mit dem Teufel und seiner Höllenfahrt gehört hierher; sie zieht sich durch das ganze Mittelalter hindurch.

Die Hexen pflegen sich nach dem Volksglauben zu gewissen Zeiten an bestimmten Orten um ihren infernalen Meister zu versammeln und ihre Feste zu feiern. Die Oertlichkeiten wechseln nach den verschiedenen Ländern; in der Regel sind es Plätze, wo in früheren Zeiten Gericht gehalten oder den Göttern geopfert wurde. Opfer wurden oft auf Bergen gebracht, und so spielen im Hexenwesen Berge eine grosse Rolle, wie auch Elben auf Bergen hausten.

Grimm[*] geht alle Berge Europa's durch, welche zu Zusammenkünften der Hexen dienten. Für Norddeutschland ist der Brocken, oder Blocksberg im Harzgebirge (im 15. Jahrhundert in diesem Sinne genannt, aber älteren Datums) vorzugsweise der Hauptversammlungsort der Hexen.

Nach dem Volksglauben präsidirte der Teufel bei diesen Versammlungen. Er holte jede einzelne Hexe ab, gab ihnen auf dem Berge ein Festmahl, nahm ihre Huldigung entgegen, und buhlte dann mit jeder einzelnen. Nach älteren Sagen holt Satan die Hexen in seinem Mantel ab, nach jüngeren reitet er mit ihnen auf einem Bock durch die Lüfte. Wie es viele Hexen hier gibt, so auch Teufel; der oberste derselben sitzt in Bocksgestalt still und ernsthaft auf einem hohen Stuhl

---

[*] Jac. Grimm, deutsche Mythologie. Göttingen 1854.

neben ihm eine auserwählte Hexe als Hexenkönigin. Die Mahlzeit ist unflätig, ohne Salz und Brod und sättigt nicht. Darauf folgt der Tanz und das Buhlen. (Grimm S. 1024.) — Wir erwähnten früher, dass der Teufel als Affe Gottes angesehen wird. Wie das Reich Gottes seine Feste, Ceremonien und Sacramentenspendung hat, so wird dies alles bei dem Hexenfeste sacrilegisch nachgeäfft. Der Hexensabbath ist eine Parodie des christlichen Cultus; es wird eine förmliche Messe celebrirt, wobei man sich unanständig entblösst; man gebraucht eine schwarze Hostie; auch die Beichte wird nachgemacht, die Hexen bekennen mit Stolz ihre schlechten Thaten. Zum Weihwasser wird der Urin des Bockes verwendet und neu aufgenommene Hexen werden mit schmutzigem Wasser getauft. (Grimm.) Von den Tänzen schreibt 1613 Pierre de Lancre: „Le diable, transformé en bouc, dance au sabat avec les filles et femmes et avec les plus belles, ores menant la dance, ores se mettant à la main de celles, qui lui sont à gré et saccouple en cette forme avec elles." Er geht dann auf die schamlosen Tänze seiner Zeit über, wie sie aus Italien und Spanien nach Frankreich kamen, deren Erfindung er dem Teufel zuschreibt: „C'est la dance la plus violente, la plus animée, la plus passionnée, et dont les gestes, quoyque muets, semblent plus demander avec silence, ce que l'homme lubrique désire de la femme, que tout autre."

Schon der h. Cyprian machte in dieser Hinsicht die Bemerkung: Chorea est circulus, cujus centrum est Diabolus. Auch Chrysostomus sagt: Ubi lascivus saltus, ibi diabolus. So haben wir, wie früher beim Tode die vielgestaltigen Todtentänze, hier den Teufels- und Hexentanz.[*]

---

[*] Wir können hier nicht das überaus reiche Material über das Hexenwesen und den Hexensabbath erschöpfend behandeln, da uns nur darum zu thun war, die der Kunst vorarbeitenden Volkssagen voranzustellen. Wer sich weiter informiren will, den verweisen wir auf die einschlägende Literatur. Vergl. Soldan, Geschichte der Hexenprocesse.

IV.
DER TEUFEL IN DER KUNST.

Wenn wir nun an der Hand der bildlichen Darstellung eine Iconographie des Teufels versuchen, so glauben wir in den vielgestaltigen Gegenstand eine gewisse Uebersicht zu bringen, wenn wir zuerst solche bildliche Darstellungen, in denen der Teufel auftritt, voranstellen, welche der biblischen und Legendensphäre angehören und dann zur Allegorie, zum Hexenwesen und endlich zu jenen Darstellungen aus dem Alltagsleben übergehen, in denen der Volksglaube und die profane Poesie den Teufel als handelnde Person auftreten liessen.

Bei den biblischen Darstellungen uns an die chronologische Ordnung haltend, begegnen wir zuerst der Genesis der Hölle und ihres Satansreiches, *dem Engelsturz*. Künstler aller Schulen und Zeiten haben es versucht, diese Scene voll Bewegung und tragischer Grösse darzustellen. Im Palast Papafava zu Padua ist aus einem Stück Marmor der Sturz der Verdammten mit grosser Virtuosität ausgeführt; die verworrene Masse der Stürzenden (60 an der Zahl) ist mit bewunderungswürdiger Meisterschaft dargestellt. Die Gruppe wird dem Agostino Fasolato zugeschrieben, der um 1750 thätig war. Auch das Berliner Museum besitzt zwei ähnliche Darstellungen aus Elfenbein. Rubens hat den Engelsturz zweimal gemalt; das eine Bild (gestochen von L. Vorsterman) befindet sich in der Pinakothek zu München, das andere, von Neeffs gestochen, befand sich in der Jesuitenkirche zu Antwerpen und verbrannte. Es war dem Künstler hauptsächlich darum zu thun, seine Meisterschaft in der Verkürzung menschlicher Körper zu zeigen. Auch Ch. le Brun malte denselben Gegenstand und gab den Dämonen verschiedene Thierformen; N. Loir hat es gestochen. Dann gibt es eine figurenreiche Composition dieses Gegenstandes von G. B. Ricci, die mehrere hundert Personen enthält; man sieht viel Nuditäten, aber „col massimo decoro" wie Zani bemerkt. Ph. Thomassin hat das Bild gestochen. Auf einem Stich nach Pomeranzio ist der Satan von Schlangen umwunden. Auf einem Stiche des Raimonde La Fage ist der Teufel mit offenem Rachen dargestellt; neben ihm steht ein Pfau, das Sinnbild der Hoffarth. Jac. Valegio hat einen ähnlichen Gegenstand nach P. Farinati gestochen.

Der episodenartig aufgefasste Kampf des Erzengels Michael mit dem Teufel ist auch hierher zu beziehen. Die Kunstgeschichte weist viele Darstellungen dieser Art auf; so ist im Louvre ein Bild von Raphael, von G. Reni in der Kapuzinerkirche zu Rom, von Jacobello del Fiore im Berliner Museum, von Mabuse in München, von Luca Giordano im Belvedere zu Wien, von M. Schongauer im Dom zu Ulm, und viele andere. Deutsche Kupferstecher des 15. und 16. Jahrhunderts haben den Gegenstand mit Vorliebe behandelt. Ein alter Holzschnitt im Speculum humanae salvationis hat denselben Vorwurf. Auf einer Sculptur des 12. Jahrhunderts in S. Zeno zu Verona ist Lucifer nach seinem Sturze abgebildet.

Als Gegensatz und gleichsam als endliche Lösung des im Engelsturz intonirten Drama's ist das *jüngste Gericht* aufzufassen, bei welcher Gelegenheit Satan mit seinem Anhange in den Abgrund hinabgestürzt und für immer unschädlich gemacht wird. Die Künstler liebten es auf Darstellungen dieser

Art der finsteren Tiefe der Hölle die lichte Höhe des Himmels entgegenzustellen. Wir finden auf diesem Gebiete drei grosse Künstler durch Hauptwerke vertreten, Michel-Angelo (in der Sixtinischen Capelle zu Rom), Tizian und Rubens (von J. Suyderhoef meisterhaft gestochen).

Als letzter Schlussstein mag dann die Darstellung der Hölle selbst dienen. Satan thront, von seinen Anhängern umgeben, in infernaler Hoheit und weidet sich an den Qualen der Verdammten. Die Hölle, als eine Festung gedacht, deren Laufgräben einen Feuerpfuhl vorstellen, kommt auf einem Holzschnitt vor in: Buch der kunst, dadurch der weltlich mensch mag geistlich werden. Augsburg 1478. — Auch Orcagna hat die Hölle dargestellt, grausenhaft erscheint sie auf den Stichen von Nic. Baldini und Sandro Botticelli. Ein Bild vom Höllenbreughel mit gleichem Inhalt, nicht weniger schreckenhaft und abenteuerlich, ist im Berliner Schlosse; Henne hat es gestochen. An Breughel erinnert ein Gemälde im Madrider Museum, von Peter Huys, auf welchem die Verdammten von Teufeln herumgezerrt werden.

Zum erstenmale griff Satan in die Menschengeschichte bei der Versuchung der Stammältern im Paradiese ein. Der *erste Sündenfall* ist sein Werk. Die Bibel gibt seine Erscheinungsform an und die Künstler haben sich darum an die Schlangengestalt gehalten. Darstellungen dieser Art kommen unzählige vor und wir können sie nicht einzeln anführen. Wir finden sie bereits in den Catacomben. (Eine Abbildg. bei Aginc. Mal. Taf. 9.) Nic. Pisano hat die Scene in einem herrlichen Basrelief gegeben. (Abbild. ebenda, Sculpt. Taf. 32.) Von Raphael haben wir bereits gesprochen; er betrachtet die Schlange als Künstler der Renaissance und gibt ihr einen schönen Frauenkopf, um das Sprechen derselben zu motiviren. Auf einem italienischen Stich nach Parmeggiano ist die Schlange zur

Hälfte ein schönes Weib. Dies Motiv wurde noch oft von Künstlern verwendet, so von Michel-Angelo, von Jod. Winghe (Theod. de Bry sc.), von Goltzius (Saenredam sc,), Steph. le Moine (L. Cars etc.) u. Andern. — Deutsche Künstler bringen zuweilen bei dieser Begebenheit den Raben an; so auf einem Holzschnitt von H. S. 1566.

Den Stich von H. S. Beham, wo der Baum als Skelett gedacht ist, um den sich die Schlange ringelt, haben wir bereits in der Iconographie des Todes erwähnt. Der Stich von A. Dürer und der Holzschnitt von L. Cranach sind bekannt. Rembrandt hat den Versucher als einen beflügelten Drachen dargestellt.

Die Geschichte des Hiob gab den Künstlern auch Veranlassung, die Figur des Teufels darzustellen. Hier erscheint er schon in hässlicher Gestalt, die dem Menschenkörper wie eine Maske übergeworfen wird. Zuweilen peinigt er in Gemeinschaft mit dem Weibe Hiobs den frommen Dulder; man weiss nicht, was diesen mehr schmerzt, die wuchtigen Hiebe Satan's oder die giftigen Worte seines Weibes. Als bildliche Darstellungen führen wir an ein Glasbild aus dem 15. Jahrhundert in der Kirche Saint-Romain zu Rouen, einen Holzschnitt mit dem Monogramm Dürer's (Bartsch, Append. 2), der ihm aber nicht gehört, ein Gemälde von Rubens in der Nicolaikirche zu Brüssel (bei der Belagerung der Stadt 1655 zerstört, gest. von L. Vorsterman). Auch Martin de Vos und M. de Veen malten den Gegenstand. Auf einem Stiche von G. Pencz (Bartsch 7.) erscheint der Böse in Vogelsgestalt.

In der *Geschichte der Sarah* kommt der böse Geist Asmodaeus vor, welcher ihr sieben Männer nacheinander tödtet, dann aber durch die Frömmigkeit des Tobias vertrieben wird. Diese Begebenheit wird vorgestellt auf den Stichen von G. Pencz (B. 19), C. Matsys, J. Collaert u. Anderen.

In der neuen Aera des durch Christus wiederbeginnenden Heiles tritt der Teufel gleichfalls auf; war es ihm doch hauptsächlich darum zu thun, die Erlösung der Menschen zu hindern. Desshalb sucht er den Erlöser selbst für sich zu gewinnen, ihm gegenüber tritt er als der Versucher auf.

Bei der *Darstellung der Versuchung Christi*, die von der h. Schrift als eine dreifache geschildert wird, hielten sich die Künstler meist an die erste, in welcher der Böse verlangt, dass Christus Brod aus Steinen mache. Zuweilen wurden die beiden anderen im Hintergrunde, in weiter Ferne angedeutet. In einem Manuscript des 12. Jahrhunderts auf Pergament im Berliner Museum erscheint der Teufel mit Flügeln, Hörnern, Hufen, mit einem Feuergürtel umspannt. Auf einer Zeichnung ebenda, mit dem Monogramm Wohlgemuth's, hat er eine verzerrte Weiberbrust und Vogelklauen; der Kopf ist eine Verbindung von Vogel und Ochs. Noch grässlicher erscheint er auf einem Stiche vom Meister I. CZ (B. 1.); an der Stelle der Pudenda ragt ein gräulicher Eberkopf und Vogelkrallen hervor, die übrigen Formen trotzen in ihrer Ungeheuerlichkeit jeder Beschreibung. G. Pencz (B. 39.) hat bei gleicher Gelegenheit ihm eine Maske gegeben, die etwas vom Vogel und etwas vom Fisch entlehnt. — Grosse Meister hingegen haben bei Darstellungen dieser Scene das Abenteuerliche der äusseren Erscheinung vermieden und auf den Mienenausdruck mit Recht den Nachdruck gelegt. Wenn er als Versucher erscheint, so zerstört er mit dem Ungeheuerlichen allen Reiz, also auch alle Chancen des Gelingens der Versuchung. Darum erscheinen die Darstellungen Raphael's, Dürer's, eines Lucas von Leyden und Rubens angemessener und edler, den künstlerischen Anforderungen entsprechender. Hollar hat ihn nach Elzheimer als alten Mann dargestellt, nur der Schweif verräth seine Natur; eben so auf einem Stiche nach Lucas von Leyden, wo wieder die Krallen an den Füssen die Herkunft des Versuchers verrathen. Lucas von Leyden (auf seinem meisterhaften Stiche, B. 41) hängt ihm gar eine Mönchskutte um. An eine satyrische Pointe ist hier nicht zu denken; der Grund dürfte vielmehr in der bekannten Anekdote zu suchen sein, nach welcher ein Kapuziner bei einem Maler eine Versuchung Christi bestellte. Als dieser den Versucher in einer Kapuzinerkutte darstellte und der Besteller sich daran scandalisirte, motivirte der Künstler seine Handlungsweise mit den Worten: Wenn der Böse Christum versuchte und Hoffnung auf Erfolg haben wollte, so konnte ihm sein Plan nur im Gewande eines frommen Ordens gelingen. Sic!

Rubens malte diese Begebenheit am Plafond der Jesuitenkirche zu Antwerpen, die am 18. Juli 1718 durch Feuer zerstört wurde. Auch hier erscheint der Versucher im Mönchsgewand. Jegher hat uns die Composition in einem Holzschnitt erhalten.

Auf einem Glasbild der Cathedrale von Troyes führt der Teufel Christum auf den Giebel des Tempels. Der Böse hat Flügel an den Füssen, wie Mercur. (Abbild. in: Arnaud, Voyages archéologiques.)

In der Gleichnissrede *Christi vom Säemann* streut der Teufel Unkraut unter den Weizen. Nach den Volkssagen sind alle Gaben des Teufels nichtig oder schädlich. Wer einer Hexenmahlzeit beiwohnte, und reichlich zu essen und zu trinken wähnte, findet schliesslich, dass sein Magen leer ist und dass das Genossene Knochen, Aas oder Unrath gewesen. Der Teufel als Ausstreuer des Unkrautes kommt auf einem Stiche von Aug. Carracci (B. 28) vor, wie auch auf einem von J. Matham (B. 75) nach Abr. Bloemaert.

Bei Darstellungen, welche die Heilung von *Besessenen* zum Gegenstande haben, kommt der Teufel abermals in

Betracht. (Math. 8, 28.) Wenn er gezwungen wird, der geängstigten Menschenseele den Frieden zurückzugeben, so fährt er als Ungeziefer, in Gestalt einer missgestalteten Mücke, aus dem Besessenen heraus. Beelzebul heisst ja Fliegengott. So auf einem Stiche von G. Pencz, B. 41. Auch Raphael hat einen Besessenen, und zwar im Gegensatz zur höchsten Verherrlichung und Verklärung, dargestellt. Man betrachte von diesem Standpunkte seine Transfiguration, die Verklärung in der Höhe und ihre Kehrseite, den Besessenen in der Tiefe, und man wird die ideal vollendete Composition noch mehr bewundern. Jünger Christi und Freunde des armen Jünglings weisen nach oben, wo Hilfe allein zu suchen sei.

Auch die Parabel *vom reichen Manne und armen Lazarus* enthält eine ähnliche Zusammenstellung. Der reiche Mann im sündhaften Genusse, der arme Lazarus im tiefsten Elend, das ist der Avers; der Revers zeigt das Gegentheil: Letzteren im Schoosse Abrahams, Ersteren in Gesellschaft von Teufeln. Auf einer Miniatur des 13. Jahrhunderts holt der Teufel die Seele des Prassers. (Abbild. bei Aginc. Mal. Taf. 103.) Auf einem Stiche von Corn. Bos entführt ihn der Böse in Drachengestalt, auf einem Stiche von Egid Sadeler nach J. Palma dagegen ist er in Gesellschaft des Teufels und bittet den seligen Lazarus um einen erquickenden Tropfen auf seine lechzende Zunge.

Bei der Darstellung der *Niederfahrt Christi* in die Vorhölle (Limbus) haben die Künstler meist alle ihre Kraft darauf verwendet, die ohnmächtige Wuth des Satan, dem seine Beute entführt wird, zum Ausdruck zu bringen. Der Gegenstand ist oft von Künstlern gewählt worden; wir können nur auf einzelne Kunstwerke kurz hindeuten. Wir finden eine solche Darstellung als Sculptur an den Thüren der Cathedrale von Benevent, aus dem 12. Jahrhundert (s. Ciampini, Vetera

Monum. II. Taf. 9), eben so als Bild aus derselben Zeit (Abbild. bei Aginc. Taf. 57). Auch Glasbilder des 13. Jahrhunderts in der Cathedrale von Burgos stellen dieselbe Scene dar. Ein Basrelief des 15. Jahrhunderts führt Cicognara II. Taf. 35 an. Auf einer Holzschnitzerei der Abtei S. Riquier vom J. 1587, jetzt im Museum Cluny zu Paris, erscheint der Teufel als Satyr, mit Hörnern, Schwanz und Bocksfüssen. A. Dürer hat sowohl in der Kupferstich- als Holzschnitt-Passion diese Scene dargestellt; nicht minder M. Schongauer in seiner vortrefflichen Passionsfolge. Mirycenus gab ein Blatt nach P. Breughel heraus, welches uns diese Scene in der bekannten grotesken Art des Meisters veranschaulicht. Von Italienern nennen wir Stiche von A. Mantegna (B. 5), Marc-Anton (B. 41.) und Beatrizet.

Hier sei es erlaubt, eine christlich-allegorische Darstellung einzuschalten. Der unter dem Triumphwagen Christi sich krümmende Teufel kommt auf einem Glasgemälde des 15. Jahrhunderts vor. (Vrgl. Langlois, Peinture sur verre, Taf. 50.)

Wir müssen hier die Bemerkung machen, dass wir auf illustrirte Bibeln, wo Jeder leicht die fraglichen Begebenheiten nachschlagen kann, keine Rücksicht genommen haben. Vorzüglich gab die Apocalypse zu vielen Teufeldarstellungen Anlass, aber mit Ausnahme der apocalyptischen Reiter kommen sie nur in Bibeln oder in Folgen, wie bei A. Dürer vor.

Auch die *Heiligenlegende* setzt Teufelserscheinungen oft in Scene. Der Böse spielt meist eine dreifache Rolle: zuerst kommt er in gleissnerischer Freundlichkeit, um zu versuchen; gelingt dieser Plan nicht, dann demaskirt er sich und erscheint in seiner infernalen hässlichen Gestalt, um den Heiligen Furcht und Schrecken einzujagen. Kommt er an den rechten Mann so hilft die erste und die zweite Maske nichts, und er muss entweder beschämt abziehen oder durch seine eigene Niederlage den Sieg des Heiligen noch glorreicher machen. Besonders fromme Einsiedler hat er scharf aufs Korn genommen, also gerade jene, welche die Welt und ihre Gefahren verliessen, um in der Wüste fern von den Anreizungen zur Sünde fromm und heilig zu leben. Bei solchen wäre der Sieg freilich für ihn um so ehrenvoller gewesen.

Die Künstler haben oft Scenen aus der Heiligenlegende dargestellt und waren darum gezwungen, auch den Teufel abzubilden. Wo es sich darum handelte, ihn als freundlichen Verführer dem Heiligen entgegenzustellen, wählten sie für seine Maske gewöhnlich die Gestalt schöner Mädchen oder Frauen. So auf dem Berliner Bilde D. Teniers, die Versuchung des heil. Anton (radirt von Duvivier), oder auf dem Kupferstich von Altdorfer (B. 25), wo ein nacktes Mädchen zwei hungernden Einsiedlern auf einem Teller Obst präsentirt. In neuer Fassung ist derselbe Gedanke von Papety gemalt und später lithographirt worden.

Bei einer Radirung des Andr. Both weiss man nicht recht, ob der Teufel den heiligen Antonius reizen oder schrecken will. Er steht wie ein Bajazzo angezogen, mit altem dummen Gesichte, mit Schweinsohren und Krallen versehen, vor dem still dasitzenden Einsiedler und scheint wie ein dummer Schuljunge nicht recht zu wissen, wie er die Sache anpacken soll.

Andere Künstler gefielen sich wieder darin, dem Teufel die Rolle des peinigenden, ängstigenden, schlagenden, kneifenden, herumzerrenden Dämon zu geben. Ein Meisterstück davon ist das Blatt von M. Schongauer (B. 47), auf welchem die grässlichsten Dämonen den h. Einsiedler Anton in die Luft gehoben haben und ihn hier zerzausen. Das mild und ruhig blickende Angesicht des Heiligen sticht wunderbar von der ohnmächtigen Wuth der Plagegeister ab. Callot hat auf seine Art dieselbe Geschichte gestochen: ein Riesendrache droht den Heiligen zu verschlingen, kleine Dämonen necken ihn, links steht sogar ein Teufel als Kanone gegen ihn gerichtet und droht mörderische Geschosse zu speien. Auf Angst und Schrecken hat es auch Höllenbreughel bei gleicher Gelegenheit abgesehen (Stich von Mirycenus). Bei Kirchenbildern wurde von den Künstlern meistentheils der vollendete Sieg des Heiligen über den Teufel zum Gegenstand der Darstellung gewählt. So liegt auf dem Bilde Raphaels der besiegte Drache zu den Füssen der h. Margaretha. Auf einer Federzeichnung des 16. Jahrhunderts im Berliner Cabinet tritt ein h. Dominikaner (Thomas v. Aquino?), eine brennende Lampe und ein Crucifix haltend, auf ein am Boden liegendes Mädchen, welches Klauen statt der Füsse besitzt und sich also als ein verkappter Satan documentirt. Mirycenus hat zwei Blätter nach P. Breughel gestochen, die sich wechselseitig ergänzen. Auf dem einen wird der h. Jacob durch die Teufelskünste eines Magiers citirt; in seinem Atelier wimmelt es von Teufelsfratzen, die den Heiligen verhöhnen; rechts fahren Hexen durch den Kamin in die Luft; ein nackter Mann, der im Zauberkreise gebückt steht und einer Schlange den Giftzahn zu nehmen scheint, hat eine Stola über seinem Rücken. Auf dem zweiten Blatte ergreifen die Teufel auf Befehl des Heiligen den Zauberer, schleppen ihn in die Höhe, wo sie ihn gräulich zerarbeiten. Das berühmte Bild von Rubens im Belvedere zu Wien, das Wunder des h. Ignatius, gehört auch hierher. Andere Beispiele bildlicher Darstellungen s. in meiner Iconographie der Heiligen, S. 432.

Auf Darstellungen *der unbefleckten Empfängniss der Maria* erscheint die Schlange, zuweilen mit dem Apfel im Rachen, die Weltkugel umkreisend, aber von der Jungfrau besiegt. Die Schlange deutet auf die erste Sünde hin; während die erste Eva ihren süssen Worten Glauben schenkte, tritt ihr die zweite Eva — das prophetisch angekündigte Weib (Genes. 3, 15) — auf den Kopf. In der Gallerie zu Florenz ist von G. Vasari ein Bild, welches uns den Baum des Paradieses zeigt, der von den Altvätern umgeben ist; die Schlange hat eine jugendliche Büste mit Fledermausflügeln; Maria über Wolken schwebend, von Engeln umgeben, tritt dem Bösen auf das Haupt. (Gest. v. E. Salvador im Gall. Werk.)

Auch die *geistliche Allegorie* gab den Künstlern oft Gelegenheit zur Darstellung des bösen Geistes. Besonders wenn man den letzten Kampf des sterbenden Christen schildern wollte, unterliess man nicht, neben den Schutzengel, der die Seele dem Himmel zuführen will, auch den Trutzengel, der sie Gott abwendig zu machen sich bemüht, zu stellen. Wie einst der Erzengel Michael mit Satan um den Leichnam des Moses rang, so ringt hier der gute Engel mit dem bösen um die Menschenseele. Man liebte diese Art Darstellungen, und besonders in frommen Betrachtungsbüchern kommen sie oft vor. Auch gehören sie bereits dem frühesten Mittelalter an. Eine solche Scene erscheint als Basrelief eines Grabsteins vom Jahre 1095 (Abbild. bei Agine. Taf. 26); ebenso als Sculptur auf der Hauptfaçade von Notre-Dame zu Paris; als Frescogemälde in der Capelle des Papstes Nicolaus V. im Vatican (Agine. Taf. 146) und bei S. Agnese fuori di mure (ebenda, Taf. 135). Auch als Glasgemälde, so aus dem 15. Jahrhundert in Burgos (Carter, Taf. 58). Als Holzschnitt im Büchlein: Ars moriendi, in der Schedel'schen Chronik, als Kupferstich von S. à Bolswert, der auf einem Blatte den Tod des Gerechten und des Sünders darstellt: über dem letzteren lagern ganze Wolken von Teufelsgestalten; seine Hölle beginnt schon hienieden; Freunde zehren von seinem Gute, zwei Frauen prügeln sich bei der Plünderung seiner Geldkiste. Nebenbei sei erwähnt, dass auch schon auf etruskischen Grabmonumenten ein Kampf von guten und bösen Genien um Menschenseelen vorkommt.

Hier ist eine eigenthümliche Pointe, welche die Künstler ihren Darstellungen zuweilen gaben, nicht zu übersehen. Der Erzengel Michael trägt neben der Waffe auch eine Wage; in der einen Schale liegt die Menschenseele, in der anderen Goldklumpen. Den Grund mag man in der Legenda aurea, Vita S. Laurentii nachlesen. Der Teufel sucht nun die Schale mit dem Gold, welche als die leichtere oben schwebt, herabzuziehen, um die Seele zu gewinnen, was ihm natürlich nicht gelingt. So erscheint es auf einem kostbaren Schrotblatt des Berliner Museums*), dann auch auf einem Stiche von Egidius Sadeler nach P. de Witte, wo statt des Goldes ein Mühlstein angebracht ist. Der Teufel hängt schon auf der Schale mit dem Mühlstein und strengt alle seine Kräfte an — vergebens, die Schale mit dem Mühlstein und dem Teufel schwebt oben.

Im Ganzen genommen ist auch hier der eine Gedanke: fruchtlose Mühe des Bösen gegen das Reich Gottes. Gewöhnlich intervenirt in höchster Gefahr die h. Jungfrau. Wenn zuweilen als Ausnahme eine Seele die Beute des Teufels wird, so soll die Darstellung dieses Vorganges zur Warnung dienen. Auf dem Bilde von Nicola Pisano im Dom zu Siena zwingt ein Teufel ein junges nacktes Mädchen in den Rachen eines Fisches zu kriechen (Leviathan?).

Im altdeutschen Werke mit Holzschnitten: „der Entkrist" ist der Teufel abenteuerlich gestaltet, mit weiblicher Brust und männlichen Genitalien, also als eine Art Hermaphrodit.

Auch sonst noch bei allegorischen Darstellungen begegnen wir der Gestalt des Teufels. Diese ist schreckenerregend und

---

*) S. mein Werk: Die Kupferstich-Sammlung der k. Museen in Berlin, Leipz. 1873. No. 39.

gespenstisch, zugleich in's Unendliche variirt, auf den Darstellungen der sieben Todsünden von P. Breughel, welche Mirycenus gestochen hat. Da ist Alles voll Spuk und Hexerei; selbst harmlose Hausgeräthe oder Geschirre bekommen Leben und Bewegung, dürre Bäume strecken Arme und wunderbar geformte Schnäbel aus; vergitterte Fenster an baufälligen Hütten stellen grinsende Augen vor, während sich das Hausthor zu einem Rachen umgestaltet. Die Hoffarth wird durch eine vornehme Dame mit dem Spiegel in Begleitung des Pfaues abgebildet. Hielte sie es der Mühe werth, sich umzusehen, sie würde ein nacktes Mädchen wahrnehmen, die von Teufeln wie von Häschern geführt wird. Der Geiz sitzt als reichgekleidete Frau neben der Geldkiste, von Geldsäcken und einer Goldwage umgeben. Hinter ihr kauft ein Wucherer von einem armen Weibe einen Silberteller „gegen Rückkauf" sehr billig ein; andere nackte Gestalten werden von Teufeln geführt, es sind auch Arme, die nichts mehr zu versetzen haben. Ein Froschteufel rollt rechts einen Geizhals in einem mit spitzigen Nägeln versehenen Fasse, wie den Regulus, vor sich, der noch nach den ihm entfallenen Münzen gierig langt. Vorn wandelt ein Geldsack sogar als Teufelsgestalt einher. Der Zorn jagt als bewaffnetes Weib, vom Bären begleitet, die nackten Menschen dahin, die niederfallen. Ueber dieselben fällt ein langes Messer mit der Schärfe nieder. Ein Teufel bratet ein Opfer links am Spiess und im Kessel siedet ein zanksüchtiges Ehepaar. Den Neid stellt eine Dame vor; neben ihr bläht sich der Truthahn auf. Im Grunde soll ein Kessel ein Gebäude vorstellen, doch sind die Dachfenster Augen, ein grosses Fenster der Rachen, durch welchen man die Teufel im Inneren erblickt. Die Unkeuschheit ist ein nacktes Frauenzimmer, die mit einem, mit dem Schweinsrüssel sie liebkosenden Teufel buhlt, den sie wohl für einen prächtigen

Burschen hält. Das ganze Blatt ist mit Zügellosigkeiten angefüllt, die sich des nahen Höllenschlundes nicht bewusst sind. Die Völlerei ist als ein dickes, auf einem Schwein sitzendes Weib abgebildet. Hinter ihr zapft ein Teufel mit einer Mönchskappe den Wein vom Fass; dabei aus einem grossen Kruge tapfer trinkend. Im Grunde steht eine Windmühle wie eine gespenstige Sphinx mit Augen und offenem Rachen. Die Windmühle mit ihrer eilfertigen Bewegung, die Flügel nach allen Seiten ausspannend und doch an einen Ort gebunden ist ein treffendes Bild des Teufels, der bei allen Bemühungen doch nicht vorwärts kommt. Die Faulheit endlich ruht als armes Weib auf einem schlafenden Esel, der Teufel zieht ihr das Bett unter dem Kopfe weg. Ein Weib wird, in Betten gewickelt, von einem hinkenden Teufel auf einem Wägelchen herumgeführt und von einem zweiten gefüttert. Das wäre im Kurzen der Inhalt. Die mannigfachen Episoden, die auf den Blättern zerstreut sind, lassen sich in einem engen Rahmen gar nicht wiedergeben.

Bevor wir das Gebiet der kirchlichen Sage verlassen, um uns dem Alltagsleben zuzuwenden, müssen wir noch eines Ortes gedenken, auf welchem Künstler die schimpfliche Niederlage des Teufels dargestellt haben: es sind die Kirchengebäude. Auch hier hat ihnen die Legende vorgearbeitet. Da der Teufel das Reich Gottes auf Erden verfolgt, so kann er natürlich auch damit nicht einverstanden sein, dass h. Stätten aufgebaut werden, in denen das Wort Gottes gepredigt, die Sacramente gespendet und die Christen in lebendigem Verkehr mit ihrem göttlichen Meister erhalten werden. Die deutsche Sage lässt ihn darum als einen Riesen auftreten, der den begonnenen Kirchenbau hindern, den vollendeten zerstören will. Dieser Sage nach hilft er sogar einmal eine Kirche bauen, bedingt sich aber die Seele des Ersteintretenden. Der Bau-

meister lässt nach vollendetem Bau einen Wolf durch die
Thüre springen. Auch die Kunst adoptirte die ihr von der
Sage vorbereiteten Ideen; trotz allen teuflischen Künsten und
Hindernissen steht ein Gottesbau fertig da und der Baumeister
bringt an demselben Gebilde der Teufel an, als Drachen,
Schlangen, Sirenen, Satyrn, welche gezwungen werden, als
Wasserspeier den Regen des Daches zu sammeln und abzuleiten.
Auch hier wieder erscheint der Teufel nach Goethe's Worte als
„*ein Theil von jener Kraft,*
Die stets das Böse will und stets das Gute schafft."
Auch Glocken und Glockenklang sind ihm zuwider, wie in
den ältesten Sagen den Zwergen. Ungeweihte Glocken stiehlt
er oder trägt sie fort. Auf einer Münze der helvetischen
Republik ist der Teufel abgebildet, wie er eine Glocke ent-
führt. Vielleicht bezieht sich diese Münze auf eine historische
Begebenheit.

Wir verlassen nun die kirchliche Sphäre und steigen in
jene des *Alltagslebens* herab, wo wir gleichfalls an der Hand
der Kunstgeschichte Momente finden, die unserem Gegenstande
nahe stehen. Gleichsam auf dem Uebergangspunkte bewegt
sich die Welt *der Satyre, der Carricatur*, besonders in jener
Zeit, wo der Kampf zwischen Katholiken und Protestanten
am hitzigsten wüthete. In dieser Zeit erschienen viele fliegende
Blätter mit und ohne Illustration, in denen sich beide Parteien
nicht eben auf zarte Weise, wechselseitig bearbeiteten. Auch
bei solchen Eingebungen des Witzes, der Satyre musste der
Teufel oft herhalten und zu Hilfe kommen. So landet Leviathan wie ein Schiff am Ufer, sein Rachen ist wie ein
Thor aufgesperrt, in demselben steht der Teufel als Fährmann
und erwartet seine Gäste, nämlich Martin Luther und seine
Genossen, die, auf Säuen reitend, dem Höllenrachen zueilen.

Abbild. in Scheible's Schaltjahr. I. S. 128.) Und so hat auch Melchior Lorch auf einem sehr seltenen Blatte, den Papst als ein gräuliches Höllenungeheuer abgebildet (Passavant 27). Auf einem schön verzierten Teller, den Th. de Bry gestochen hat, sieht man den Kopf eines Papstes; wendet man, was unten war, nach oben, so erscheint eine Teufelsfratze. Auf einem Holzschnitt von Geron von Launingen, vom Jahre 1546, steht ein grosser Kessel, in welchem katholische Geistliche über einem mächtigen Feuer geschmort werden. Ein protestantischer Prediger facht mit dem Blasebalg das Feuer an, dem ein excentrisch gebildeter Teufel Holz und Kohle nachlegt. Merkte der Künstler nicht, dass hier für den Prediger die Gesellschaft und Mitarbeiterschaft eines Teufels gerade keine schmeichelhafte ist?

Auch sonst noch auf politischen Carricaturen, besonders denen der Engländer und Franzosen, erscheint die Gestalt des Teufels; doch können wir auf dieses Gebiet, als unserem Gegenstande entfernter liegend, nicht näher eingehen.

— —

Was nun das Gebiet des *Hexenwesens* anbelangt, so wäre es sehr zu verwundern, wenn die darstellende Kunst von einem so reichen Stoffe nicht beeinflusst worden wäre. In der That haben auch die berühmtesten Künstler diesem Gegenstande ihre Aufmerksamkeit zugewendet und die Ideen der Volkssage verwerthet. So hat Albrecht Dürrer, der gerade in der Zeit nach Nürnberg kam, als daselbst der berüchtigte Hexenhammer (malleus maleficarum), dieser Strafcodex gegen die Hexen, bei Coberger gedruckt wurde, ein kleines Blatt gestochen, welches die Hexe heisst (Bartsch 67). Sie sitzt nackt und verkehrt mit aufgelösstem Haar auf einem Bocke, auf dem sie durch die Luft fliegt. Man wollte auch das Blatt mit den vier nackten Frauen (B. 75) in unser Gebiet

hereinziehen und meinte, der Teufel hole vier Hexen zum Sabbath ab; aber das Vorhandensein des Todtenkopfes und der vornehme Kopfputz so wie die jugendliche Körperfülle der nackten Gestalten dürften mehr den Gedanken aussprechen, dass Jugend, Schönheit und Eitelkeit vergänglich sei und eine Beute des Todes — und, wenn sündhaft, folgerichtig auch des Teufels werde. Der Teufel erscheint oft in der Gesellschaft des Todes, dieser ist so zu sagen sein Lieferant, der ihn mit Waare versorgt. Man vergleiche das Blatt von Barthel Beham (Bartsch 42) und das von H. S. Beham (Bartsch 151).

Von V. Orsel rührt eine Zeichnung her, die ein nachdenkendes Mädchen darstellt, dem der gespenstische Teufel mit einer Trompete böse Gedanken einbläst. Auch A. Dürer hat diesen Gedanken bereits in seinem Blatte, genannt: „der Müssigang", verwerthet.

Max Allihn*) sieht in dem Blatte von Dürer, welches gewöhnlich „der Gewaltthätige" betitelt wird (B. 92), den Teufel, der eine Frau verführen will, und hier also als Incubus erscheint. Der magere nackte Mann, der neben der Frau auf der Bank sitzt und sich nichts weniger als anständig aufführt, hat freilich einen Gesichtsausdruck, aus dem der diabolische Liebeswahnsinn hervorleuchtet. Auf dem leeren Spruchbande stand auf dem Berliner Exemplar in alter noch leserlicher Schrift das Wort Neidhart, was sich auch auf Satan beziehen kann; da aber weitere Symbole fehlen, so könnte der fast skelettartig ausgezehrte Alte eben so gut den Tod personificiren.

Die Vorbereitung zum Sabbath durch eine förmliche Toilette und Gebräu des Hexengetränkes ist von Künstlern oft dargestellt worden. Wir heben hier den Holzschnitt von

---

*) Dürer-Studien. Versuch einer Erklärung sckwer zu deutender Kupferstiche A. Dürers von culturhistorischem Standpunkte von Max Allihn. Leipzig 1871.

Hans Baldung hervor. Die Hexen sitzen nackt und unanständig am Boden und sind mit dem Brauen beschäftigt, während einzelne bereits auf dem Bock die Reise angetreten haben.

Eine ähnliche, jedoch von vielen Personen belebte Scene hat Höllenbreughel gemalt; Prenner hat das Bild radirt. Drei Hexen sind um den brodelnden Kessel beschäftigt, eine sitzt auf einem schwarzen Hunde; mehrere durchkreisen bereits auf Besen reitend die Luft. Noch wilder und phantastischer gestaltet sich dieselbe Scene auf einem grossen Blatte von Jac. Gheyn. Der Rauch und Dampf, der aus dem Kessel steigt, scheint die zum Sabbath fortfahrenden Satans-Liebchen zu tragen. Von David Teniers waren in der Sammlung des Grafen de Vence zwei Seitenstücke ähnlichen Inhalts; auf dem einen Bilde, genannt: „Départ pour le Sabat" ist die übliche Brauerei im Vorgrunde unter Assistenz eines hässlichen Teufels; im Grunde steht die jugendliche nackte Novizin im Begriffe, nach der Anleitung einer erfahrenen alten Hexe durch den Kamin abzufahren. Auf dem zweiten Bilde, genannt: „Arrivée au Sabat" ist die Ankunft auf dem Versammlungsorte dargestellt. Beide Bilder sind von Jacques Aliamet gestochen.

Einen phantastischen Aufzug und Hexentanz, dem der Höllenfürst präsidirt, hat auch Gillot auf zwei Blättern radirt.

Eine reiche Hexenversammlung besitzen wir von Saint-Non nach Teniers, und einen Hexensabbath von einem anonymen Stecher des 16. Jahrhunderts, von dem sich eine Abbildung in: Lacroix, vie militaire et religieuse du moyen âge, befindet. Auch Goya hat eine ganze Folge von Blättern radirt, welche die Vorbereitung der Hexen zum Hexensabbath sowie die Hexenfahrt selbst zum Gegenstande haben. Die Blätter sind mit der dem Künstler eigenen Originalität ausgeführt, wie er überhaupt in dieser Art ein Meister ist. Wir geben ein Blatt mit der Hexenfahrt in einer Copie. Bei den Hexenprocessen hat man die sogenannte Hexenprobe angewandt. Man band die der Hexerei beschuldigte Person, nachdem man sie nackt ausgezogen, an Händen und Füssen und warf sie in's Wasser. Die, welche untersanken, waren unschuldig, die aber auf der Oberfläche schwammen, wurden für überwiesen erklärt. Eine Abbildung dieser Hexenprobe findet sich in Scheible's Schaltjahr, I. 258.

Wir dürfen nicht das modernste Werk dieser Gattung mit Stillschweigen übergehen: „Das Leben einer Hexe" von Bonav. Genelli. Die Folge soll die Versuchung und Verführung eines unschuldigen Mädchens zur Hexerei durch den Teufel und eine alte Hexe darstellen. Das Schlussblatt zeigt uns das Mädchen auf der Erde todt liegend; der Teufel zankt mit der Hexe wegen des frühzeitigen — und mit Gott versöhnten Todes ihres Opfers. Auf die Versöhnung weist der Regenbogen im Grunde hin.

Eine Illustration der oben erwähnten Feste, bei denen Teufel auftraten (Diableries) hat uns J. Callot auf einem Blatte (Meaume 496) hinterlassen.

In gewisser Hinsicht könnte man auch die drei Hexen aus Shakespeare's Macbeth hier einschliessen. Die Hexenscene hat W. Woollett nach F. Zuccarelli, und W. Sharp nach Benj. West gestochen. Im Berliner Museum zeigt eine ausgeführte Zeichnung von J. H. Ramberg (1790) dieselbe Scene. Aus neuester Zeit ist W. v. Kaulbach's Composition desselben Gegenstandes wohl allgemein bekannt.

Mit dem Hexenthum verwandt, wenn auch nicht identisch, ist die Sucht, verborgene Schätze zu finden und zu heben, zu welchem Zwecke man sich einer Wünschelruthe bediente. Bekannt ist das schöne Schabkunstblatt von Rich. Earlom nach D. Teniers, welches eine alte Hexe als Schatzgräberin

8*

darstellt. In einer Höhle, wo der Schatz von höllischen Ungethümen bewacht war, hat ihn das alte Weib gefunden und gehoben. Ihre Schürze ist voll von Gold und anderen werthvollen Waaren; vergebens suchen die Teufel ihr den Fund streitig zu machen und ihr Schrecken einzujagen; mit einem Stecken jagt sie die Unholde wie Fledermäuse von sich.

Die Gränze zwischen einer Hexe und einem alten Weibe ist nach dem Volksglauben sehr schwer zu bezeichnen; man weiss nicht, wo die eine aufhört und die andere beginnt. Auf solchen Abbildungen, wo alte Weiber in Gesellschaft des Teufels erscheinen, wird man darum zuerst an Hexen denken. Auf einem Blatte von D. Hopfer (B. 71.) haben drei alte Weiber einen Teufel, der mit Vogelkrallen an Händen und Füssen und einem Schweinskopf an der Stelle der Pudenda erscheint, zu Boden geworfen, seinen Zweizack zerbrochen und bläuen ihn mit Waschkellen weidlich durch. „Gib Frid" steht auf einem fliegenden Bande. Wie aufgeschreckte Sperlinge fliegen andere Teufel in Drachengestalt in der Luft herum, und scheinen keine Lust zu haben, ihrem Gefährten beizustehen. Aber selbst eine einzige Alte fühlt sich dem Sanatas gewachsen, wie man auf einem Blättchen von J. Bink (B. 58) sehen kann, wo sie ihn mit der Kunkel gräulich bearbeitet; man glaubt den als Satyr costümirten, mit Weinreben bekränzten Teufel ordentlich um Pardon jämmerlich schreien zu hören.

Eine ähnliche Scene wiederholt sich auf einem alten deutschen Holzschnitt, den wir als Abbildung in verjüngtem Maasstabe hier wiedergeben. (Siehe S. 117.)

Doch zuweilen gewinnt der Teufel auch die Oberhand. Auf einem Chorstuhl in Speier schneidet er einem Weibe die Ohren ab, und auf einem Miniaturgemälde der Pariser Bibliothek schlägt er ein sich umarmendes unkeusches Pärchen mit den

Köpfen an einander. Wie er in Gemeinschaft mit dem Tode eine eitle junge Frau überrascht (von D. Hopfer, B. 52), haben wir in der Iconographie des Todes bereits erwähnt. Auf einer Zeichnung im Florentiner Museum, die dort fälschlich dem Schongauer zugeschrieben wird (sie gehört offenbar dem 16. Jahrhundert an, wie schon die Tracht zeigt), kämpft der Teufel mit dem Ritter und packt ihn an der Kehle; der furchtlose Ritter aber erfasst seinen gespenstischen Gegner bei den langen Haaren. (Siehe Abbildg. S. 118.)

Dürer hat auf seinem seltenen Kupferstich, welcher „der

Müssiggang" betitelt wird, den Teufel in fratzenhafter Gestalt abgebildet, wie er dem schlafenden Doctor mit dem Blasebalg unlautere Gedanken und Gefühle in das Ohr einbläst.

Das von Cl. Braen gestochene Blatt könnte den weltlichen Allegorien beigezählt werden. Ein junger Mann sitzt zwischen einer leichtfertigen Dirne, die seine Füsse bindet, und dem Teufel, der als Maler auf ein menschliches Herz Kronen, Geldbeutel, Mädchen u. s. w. hinzeichnet. Joh. Saenredam hat drei Blätter gestochen, auf denen er die dreifache Art, Ehen zu schliessen, symbolisch darstellen wollte. Es ist die christ-

liche, die weltlichgesinnte und die Satans-Ehe; bei der ersteren
segnet Christus das Ehepaar, bei der zweiten verbindet es

Amor, bei der dritten der Teufel, denn diese ist vom Hoch-
muth und vom Geldsack beeinflusst worden. Die Physiogno-

mien der neuen Eheleute sehen fast diabolischer aus als die des gehörnten Copulanten.

Nicht allein die Fleischeslust wurde mit dem Teufel in Verbindung gebracht, auch der Wucher, „die sacra fames auri" unterlag derselben Auffassungsweise der Künstler. Etwas Aehnliches haben wir bereits bei dem einen Blatte der sieben Todsünden von P. Breughel gesehen. Auf einem Blatte von D. Hopfer sitzt der feiste Wucherer in seiner Stube beim Tische, auf dem Geldsäcke und Haufen von Dukaten liegen. Auf seiner Pelzmütze sitzt ein kleiner beflügelter Teufel mit Fuchsschweif und hält ihm zwei Säcke vor die Augen. Der Reichthum macht ihn blind. Auf einem geschabten Blatte von J. van Bruggen schreibt der Wucherer seinen Gewinn in's Buch ein, während sein altes Weib Dukaten abwägt. Oben zu einem Fensterchen sieht der Tod herein, durch ein anderes Fenster betrachtet ein Teufel die Scene und ein zweiter Dämon in Satyrgestalt, steht hinter dem Weibe und ist im Begriff, mit einer Doppelhacke nach demselben zu hauen. Auf alten Holzschnitten und in älteren Büchern kommen dergleichen Verwendungen der Teufelserscheinung noch oft vor; es ist nicht möglich, jeden einzelnen Fall hier anzuführen.

Orginell ist eine anonyme italienische Radirung: der Teufel in Bärengestalt wirft unfolgsame Kinder in einen Sack; eines davon verschlingt er. Hat der Künstler hierbei nicht an den Bären des Propheten Elisäus gedacht?

In unserer aufgeklärten Zeit ist mit der äusseren Erscheinung des Teufels in Poesie und Kunst eine grosse Aenderung vor sich gegangen. Satan hat sich von der modernen Cultur auch belecken lassen; sein erschreckendes Costum, seine Hörner und Pferdefüsse, so wie seinen Schwanz hat er in die Rumpelkammer verwiesen und tritt in respectabler Form, bald als Dandy, bald als Professor oder Gelehrter, bald als gewichtiger Finanzmann, bald auch als Weltdame auf, aber stets untadelhaft was Wäsche und Respect vor dem Gesetz und der Polizei anbelangt. Er besucht unsere Theater und Vergnügungslocale, er ist auf der Börse zu Hause, er ist ein beliebter Gesellschafter in den vornehmsten Cirkeln, so wie er als der splendideste Gastgeber gerühmt wird. Er ist überall, aber man spricht nicht von ihm; an ihn zu glauben wäre eine höllenschreiende Sünde gegen Bildung und Aufklärung. Nur wenn hier und da eine Blase socialen Sumpfes platzt, Einer wegen verunglückter Speculationen sich eine Kugel durch den Kopf gejagt, ein Anderer mit fremdem Gelde sich aus dem Staube gemacht hat, sagt man allenfalls: Der Teufel hat ihn geritten — oder geholt; das ist aber blos eine Metapher. Von Const. v. Grimm ist in neuester Zeit eine Folge von Zeichnungen erschienen, die in photographischer Nachbildung unter dem Titel: „Satan im Frack" uns die Geschichte der Verführung und des unglücklichen Endes eines Mädchens darstellen. Der Versucher und Verführer ist natürlich „der modern auftretende Satan", der schliesslich sein Opfer, das in den Wellen des Flusses sein Grab sucht, höhnisch auslacht. Anders ist ein ähnlicher Gedanke in einer Dichtung von Macchiavelli gegeben; hier verlässt der Teufel die Hölle und steigt zur Oberwelt, wo er sich verheirathet, aber bald kehrt er wieder in seine düstere Heimat zurück. „Ich habe mich verheirathet", sagt er, „aber ich machte, dass ich bald wieder in die Hölle kam, denn hier fühle ich mich wohler, als unter dem Regiment meiner gewesenen Frau."

Goethe hat aus dem Satan einen Mephisto gemacht. Dieser erinnert in seiner äusseren Erscheinung an den Narren des Mittelalters, nur der alte Teufelscharakter ist geblieben; freilich ist das Lächerliche abgestreift und die Stirn in gelehrte Runzeln gelegt. Vor Goethe hat schon Milton eine erhabene Auffassung der Teufelsidee angebahnt, indem er ihn als König in einer gewissen plutonischen Erhabenheit zeigen wollte. Wenn Künstler Milton's Verlorenes Paradies nach den Intentionen des Dichters illustriren wollten, würden sie keinen Teufel mehr schaffen, denn diesem geht principiell alle Würde und Erhabenheit ab. So hat Stothard (von Bartolozzi ge-

stochen) nach Milton's Dichtung den Satan als einen schönen gerüsteten, beflügelten Jüngling dargestellt. Man muss die Unterschrift lesen: Satan arousing his troops, um den Satan nicht am Ende für einen heiligen Michael zu halten. Ebensowenig können wir uns mit der illustrirten französischen Uebersetzung von Milton's verlorenem Paradies, Paris 1855, Fol., einverstanden erklären.

Satan erscheint durchweg in den sonst gut ausgeführten Stahlstichen wie ein blasirter Jüngling, der eine unglückliche Liebschaft, aber keinen Heller Geld in der Tasche hat. Füger hat nach Klopstock's Messiade verschiedene Compositionen ausgeführt, welche John durch den Stich vervielfältigt hat. Auf denselben erscheinen Gestalten der Hölle, wie Satan, Adramelech, Abbadonna, aber mit Ausnahme der Fledermausflügel sind es keine Teufel, sondern prächtige männliche Gestalten.

Einer solchen Verwässerung der ursprünglichen Idee werden wir nie das Wort reden. Soll einmal der Böse dargestellt werden, wie ihn kirchliche und Sagenlegenden schildern, so muss das Bestreben des Künstlers dahin gerichtet sein, die innere moralische Fäulniss und Hässlichkeit der Satansfigur auch äusserlich entsprechend zu kennzeichnen. Dazu ist ein Zurückgreifen auf die Spukgebilde P. Breughels durchaus nicht nothwendig. Eine echte Künstlernatur wird uns verstehen. Seibertz hat nach unserer Meinung in seinen Illustrationen zu Goethe's Faust den Mephisto richtig aufgefasst. Wenn auch in modernem Gewande erscheinend, verleugnet sich doch die alte Schlange nicht. Auch Bonav. Genelli hat auf dem Schlussblatte seiner Folge: „Aus dem Leben eines Wüstlings" (des Wüstling's Ende) die richtige Mitte zwischen Fratze und Verwässerung eingehalten.

Wenn also ein Künstler in die Lage kommt, die Gestalt des Teufels in seinen Darstellungen anzubringen, so wird er von allem Fratzenhaften absehen und den Charakter der Lieblosigkeit, Anmaassung, Hoffahrt, Versuchung in die Gesichtszüge hineinlegen.

Wie diess zu bewerkstelligen sei, lehrt die Physiognomik, ohne deren Kenntniss kein Künstler gedacht werden kann. Wie sich diese Laster in einem menschlichen Angesichte lesbar in stechenden, tiefliegenden Augen, in schmalen Lippen, und höhnisch lächelnden Mundwinkeln darstellen, so werden sie auch in der Erscheinung des Teufels in Menschengestalt auf gleiche Art zu kennzeichnen sein.

Freilich, wo es sich bei dem Künstler darum handelt, biblische Historien oder mittelalterliche Sage und Dichtung, in welcher der böse Geist auftritt, zu illustriren, wird er im ersteren Falle sich an die durch klassische Künstler eingebürgerte Form, also z. B. beim ersten Sündenfalle an die Schlange, bei der Versuchung Christi an die menschliche Gestalt, deren Physiognomie er als die eines Versuchers markiren muss, halten; im zweiten Fall aber dasjenige äussere Costüm der Persönlichkeit des bösen Geistes anpassen, wie es in der Sage oder Dichtung vorgezeichnet ist.

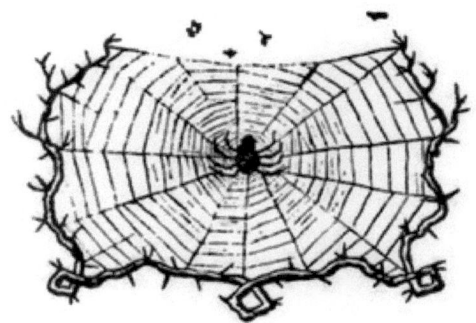